진짜 쉬운
파닉스는
이렇게
배웁니다

진짜 파닉스는 이렇게 배웁니다

1년치 학원비 아끼는 기적의 영어 읽기 방법

초 판 1쇄 2025년 01월 17일
초 판 3쇄 2025년 01월 20일

지은이 선샤인(윤선미)
펴낸이 류종렬

펴낸곳 미다스북스
본부장 임종익
편집장 이다경, 김가영
디자인 윤가희, 임인영
책임진행 이예나, 김요섭, 안채원, 김은진, 장민주

등록 2001년 3월 21일 제2001-000040호
주소 서울시 마포구 양화로 133 서교타워 711호
전화 02) 322-7802~3
팩스 02) 6007-1845
블로그 http://blog.naver.com/midasbooks
전자주소 midasbooks@hanmail.net
페이스북 https://www.facebook.com/midasbooks425
인스타그램 https://www.instagram.com/midasbooks

ISBN 979-11-7355-037-9 03370

값 21,000원

미다스북스는 다음세대에게 필요한 지혜와 교양을 생각합니다.

1년치 학원비 아끼는 기적의 영어 읽기 비법

쉬운

진짜 파닉스는 이렇게 배웁니다

윤선미(선샤인)
지음

미다스북스

영어 읽기의 핵심은 파닉스, 영어 자신감을 키우는 첫 단계

안녕하세요. 저는 두 아이를 키우는 엄마이자, 15년 차 영어를 가르치고 있는 선샤인입니다.

영어 교육 전문가들이 한목소리로 강조하는 말이 있습니다. 바로 '원서를 읽히세요', '영어책을 많이 읽히세요!'라는 조언이죠. 엄마표 영어나 영어 교육 관련 서적 대부분에서 영어책 읽기의 중요성을 강조하고, 유명한 영어 교육 일타강사이신 조정식 선생님도 책 읽기의 중요성을 꾸준히 언급하셨습니다. 아이의 영어 회화 실력뿐만 아니라 중고등학교 내신과 입시에도 읽기(독해) 능력이 가장 중요하기 때문이죠.

하지만 문제는, 영어책 읽기의 중요성은 강조하는데, 실제로 어떻게 처음 영어를 읽을지 구체적인 방법을 제시하는 곳은 드물다는 점입니다. 간혹 그런 내용을 찾더라도, 이론적으로 너무 복잡하고 어려운 용어들로 설명되어 있어서 부모님들이 아이들에게 가르칠 때, 어떻게 접근해야 할지 감이 잡히지 않죠.

영어책 읽기의 시작은 어떻게 해야 할까요? 영어책을 읽으려면 영어를 읽을 수 있어야 하는데, 처음 영어를 배우는 아이에게 어떻게 읽는 법을 가르쳐야 할까요?

여기저기서 '파닉스'를 배우면 영어를 읽을 수 있다고 하는데, 파닉스가 뭔지, 어떻게 가르쳐야 하는지 몰라서 답답한 부모님들이 많습니다. 저도 그런 부모님들의 마음을 잘 알기에, 어떻게 가르치면 좋을지 속 시원히 알려드리고 싶었어요.

저는 1년 전부터 인스타그램에 파닉스를 쉽게 알려주는 영상을 업로드 하였습니다. 그 영상들을 보신 분들이 '너무 쉽다', '이해가 쏙쏙 된다'며 좋아해주셨고, 그렇게 점점 인기를 끌어 순식간에 약 5만 명의 팔로워가 생겼어요. 그동안 부모님들과 아이들이 파닉스를 잘 몰라서 얼마나 고생을 하고 있는지 실감하게 되었습니다.

대부분의 어른들은 영어를 배울 때 파닉스를 배운 적이 없기에, 자녀를 영어 유치원이나 학원 등 사교육 기관에 맡기게 됩니다. 하지만 1~2년간 학원에 다녀도, 영어를 읽고 쓰는 것을 제대로 못 하는 아이들이 꽤 있습니다. 왜 이런 일이 생기는 걸까요?

그 이유는 바로 영어 선생님들도 제대로 된 파닉스 교육을 받지 못하고 있기 때문입니다. 선생님들 역시 파닉스 세대가 아니라 정확하게 알고 가르치는 사람이 드뭅니다. 저 역시 사교육 기관에서 오래 근무했지만, 처음 파닉스를 배울 때 제대로 가르쳐주는 곳이 없었습니다. 보통 어학원의 신입 강사 교육에서도 음가와 파닉스 규칙 몇 가지를 알려주며 교재 진도를 맞추는 데만 급급하지, 정확히 파닉스가 무엇인지에 대해서 알려주지는 않습니다.

학원에 다녀도 영어 읽고 쓰기를 잘못하는 두 번째 이유는 우리나라 아이들이 배우는 파닉스는 실제로 영미권에서 배우는 파닉스 규칙의 반도 안 된다는 것입니다. 우리나라 시중의 파닉스 교재들은 10년 전이나 지금이나 여전히 아주 기본적인 내용만 다루고 있어요. 그래서 그 파닉스 기본 규칙에 따르지 않으면 무조건 사이트워드로 분류하는 경향이 있습니다. 이렇게 파닉스를 부실하게 배운 아이들은 제대로 읽고 쓰는 데에 어려움을 겪게 됩니다.

저는 어린 나이의 아이들을 가르치기 위해 Early Literacy(음소 인식과 파닉스를 포함한 초기 문해력)를 배우고, 아이들이 더 쉽게 이해할 수 있도록 스스로 많은 공부를 하며 노력을 기울였습니다. 파닉스 규칙이 어려울 때면 영미권에서 사용하는 교수법을 참고하여 쉽게 설명할 수 있는 방식으로 재정리해 현장에서 아이들에게 적용했습니다. 그 결과, 누구나 쉽고 빠르게 파닉스를 배울 수 있게 되었고, 저만의 효과적인 노하우가 생겼습니다. 그런 노하우들을 SNS에 공유하면서 많은 분들로부터 '너무 쉽게 이해가 잘 된다'는 피드백을 받았고, 하루에도 수십 건의 감사 메시지를 받고 있습니다.

이 책의 목표는 단 1가지, 바로 아이들이 파닉스를 쉽게 익혀서 영어에 자신감을 느끼도록 도와주는 것입니다. 영어 읽기를 쉽게 배운 아이들은 영어에 자신감을 얻고, 자신감이 생기면 영어가 더욱 즐거워집니다. 그리고 나아가 아주 긴 지문의 영어를 술술 읽게 되는 밑거름이 되는 것이지요.

파닉스의 시작은 어떻게 하는지부터 파닉스가 완성된 이후의 단계까지 차근차근 제 모든 노하우를 풀어서 정리해 두었습니다. 이 책의 순서대로 읽으며 아이들과 연습해 보면, 어느새 영어를 자신 있게 술술술 읽는 모습을 발견하게 될 거예요.

4살 때 파닉스 음가를 시작으로 영어 읽기 독립 성공. 현재 영어 소설을 즐기는 초등학생이 된 딸 아이

후기

후기 증명! 5점 만점 5점!
수백만 원, 학원비 아끼는 선샤인 파닉스 특강 찐 후기들

SNS에 올라오는 파닉스 영상들이 인기를 끌면서, 많은 분들이 직접 강의를 듣고 싶다는 요청을 주셨습니다. 그래서 '하루 만에 끝내는 선샤인 파닉스 원데이 특강'을 개설하게 되었는데, 모집과 동시에 사람들이 몰려 1분도 안 돼 마감되는 일이 반복되고 있습니다. 강의를 듣고 나서 모두 만점 후기를 남겨주셨습니다. 후기들을 통해 얼마나 많은 분들이 파닉스를 고민해 왔는지 알게 되었고, 제가 도움이 되었다는 생각에 뿌듯함과 감사함을 느끼고 있습니다.

너무 이해하기 쉽게 수업해 주셔서 감동받았어요^^ 몇 달 학원 다니면서 수업한 내용을 하루 만에 이해하고 아이가 스스로 단어를 읽을 수 있게 되니 신기해하더라고요. 너무너무 강추입니다!! 감사합니다, 선생님 ^^   -pima****

와~ 지금까지 살면서 이렇게 명확하고, 의지를 불태우는 파닉스는 처음입니다. 파닉스에 포함 안 되는 단어들 때문에 파닉스를 해야 할지, 그냥 단어 암기와 통문장 암기를 해야 할지 엄청 고민했는데 강의 듣고 확실하게 생각이 정리되었어요. 아이들과 함께 열심히 노래 부르고, 엄마가 먼저 해서 아이들이 영어 읽기에 거부감이 들지 않게 지도해 줄 수 있을 것 같아요.♡♡♡ 사막에서 물을 만난 기분입니다.♡♡♡   -kim1*******

8살인 첫째는 어학원에서 영어를 배웠지만 읽지 못하는 단어들도 꽤 많았는데, 하나하나 읽어가는 자신을 놀라워하는 표정이네요. 제가 다 뿌듯하더라고요. 지금은 엄마표로 영어는 봐주고 있는데 항상 가르치는 저도 자신이 없었는데 아이와 같이 선샤인 파닉스를 해 보니 너무 귀에 쏙쏙 들어옵니다! 앞으로 영어 포기하지 않고 아이와 함께 열심히 해볼게요!^^   -okil****

파닉스 세대가 아닌 제게 선샤인 님의 귀에 쏙쏙 들어오는 강의는 시간이 후딱 지나갈 정도로 재미있고 쉽고, 영포자도 흥미를 가질 만큼 좋아요(엄지척!!!) 초3 첫째 아이 영어학원 이제 보내려고 최근에 세 군데 테스트를 봤는데 세 곳 모두 파닉스는 가볍게 통과, 집에서 이렇게 잘 된 케이스는 신기하다며 칭찬을 해주셨어요. 다 선샤인 님 덕분입니다.   -skqp******

진짜 파닉스 특강신청일마다 실패해서 반년은 지난 거 같아요ㅎㅎ 진작 들었으면 좋았을걸…. 그렇지만 이제라도 듣게 되어 너무 좋습니다. 어학원에 1년 반 정도 다녔는데, 헛다녔더라고요. 대형 학원이라 아이들도 많다 보니 개별적으로 다 봐주기 힘든 건 알지만, 반년 넘게 피드백 없다가 아이가 이중모음이나 매직 e 등 파닉스 부분이 안되어서 다시 반년 넘게 복습해야 한다길래 과감히 그만두고 선샤인 파닉스로 엄마표로 해봐야겠다고 생각했어요. 영상을 제가 두 번 세 번 보고… 첫날부터 아이와 조금씩 했어요. 알파벳으로 노래 부르고 음가도 알려주고 했더니 둘째 날에 음가를 스스로 알파벳 노래로 부르더라고요. 이제는 음가도 알파벳 노래처럼 잘 불러요^^ 일주일 정도 매일 반복했거든요. 페이지 한두 장씩 늘려가며…. 그랬더니 이젠 저보고 하지 말고 자기가 선생님 할 테니 따라 하래요. 선샤인 선생님 하신 말대로 설명했는데 그 말 기억해서 어렴풋이 따라 하며 저한테 설명하는 거 보고 놀랐어요. 저 또한 파닉스를 외우듯이(?) 한 세대라 규칙이라든지 잘 몰랐는데 아이에게 가르쳐주며 저 또한 배웠네요. 감사해요^^   -dodf****

어딜 가나 영어가 필수가 된 시대. 한글과 달리 영어는 규칙도 없고 마냥 외워야 하는 어려운 언어체계라고만 생각했었어요. 스스로도 새로운 단어들을 읽어내는 데에 어려움을 느끼다 보니 재미도 없고 힘들었는데 선샤인 님의 자료들을 보면서 파닉스 강의는 꼭꼭 들어봐야겠다고 느꼈어요! 그런데 정말!!! 너무 좋은 강의라 추천하고 싶어요 :) 왜 이렇게 읽어내야 하는지 이해할 수 있었고 새로운 단어를 봤을 때 읽어내는 속도나 정확성에 자신감이 생긴 것만으로도 많은 도움이 됐어요. 무엇보다 아이에게 어떻게 파닉스를 쉽고 정확하게 알려줄 수 있는지 배울 수 있어서 좋았어요! 아이가 제 설명을 듣고 '아~!!'라고 할 때마다 희열이… ㅎㅎㅎ 주변 학부모들이 영어와 관련해서 비슷한 고민을 하길래 추천도 해주었어요.   -kimj*****

우선… 강의가 너무 좋았어요! 갓.샤.인!! 파닉스로 고통받는 우리 초4 어린이를 위해서 믿고 신청했어요! 진짜. 신세계였습니다!! 1시간 반을 엉덩이 안 떼고… 진짜 홀린 듯이 보았어요!
학원만 믿고 내다 버린 돈만 해도 몇백은 되네요. 진짜 알차고 깔끔하고, 누가 들어도 이해 쉬운 설명, 가끔씩 영어 단어 엉뚱하게 읽는 저희 신랑도 같이 보자고 이야기했어요^^ 그냥 막!! 추천하고 싶은 강의입니다. 영어가 어려운 어른들에게도 좋은 강의인 것 같아요. 무식한 질문에도 정성껏 답변 주셔서 너무너무 감사합니다!!   -jh80***

초2 아이가 초1 때부터 학원에서 파닉스를 배웠습니다. 파닉스 끝나고 리딩 교재로 단어 외우고 본문 쓰고 읽는 거 배우더라고요. 학원에서는 한 단원이 끝날 때마다 실시간 통번역 한 거 영상 찍어서 주시고요. 잘 다니는 줄 알았고 잘 배우고 있다고 생각했습니다. 집에서도 원서 읽기를 해보려고 아주 간단한 레벨 1짜리 사봤는데 못 읽더라고요………. 진짜 충격이었어요. 배운 건 외워서 할 줄 아는 거였고 파닉스 규칙을 통해 단어를 읽는 게 아니었던 거죠…… 일 년 반 넘게…. 거의 350만 원이 넘는 학원비가…. 소용없던 거였어요…. 학원도 그만두고 그냥 놀고 있는데 마침 선샤인 선생님 매직 e 피드를 보았어요. 아이는 이런 거 몰랐다고 하더라고요. 저도 파닉스라는 게 음가만 알았지 그 외에 다른 규칙성이 있는지 처음 알았습니다. 영상을 보면서 처음 알게 되는 규칙성도 배우고 단어 카드를 보여줄 때 그 팁이 진짜 생각지도 못한 팁이었습니다! 그게 저희 아이가 파닉스를 배우며 잘못된 방법을 하고 있었다는 걸 깨달았네요! 감사합니다!!   -earc****

아이가 파닉스를 배웠는데 잘 읽지 않는 것 같아서 신청하게 되었어요. 하나하나 쉽게 설명해 주셔서 좋았어요. 엄마인 저도 영어를 분명하게 읽는 방법을 배우는 느낌에 만족합니다. 꼭 알아야 할 부분을 시원하고 편하게 알려주셔서 감사합니다.   -dkfk****

초등학생 아이를 둔 엄마로 제가 영어를 배울 때는 파닉스로 배우지 않아서 아이를 가르치려다 보니 막히는 부분이 많고 설명해 주기가 너무 어려워서 파닉스를 듣게 되었는데, 저도 몰랐던 규칙을 알게 되어 재밌기도 했고 아이에게 즐겁게 가르칠 수 있어서 너무 좋았습니다. ^^ 파닉스 강의 만들어주셔서 감사해요^^

-pou1***

모범생이 잘 정리한 파닉스 자료를 구한 느낌이에요. 시중에 판매하는 교재들보다 쉽게 정리가 잘 되어 있어서 파닉스 학습에 도움이 됩니다.

-hoyo*****

진짜 엑기스가 꽉꽉 담긴 그릭요거트 같은 강의였어요. 아이가 파닉스를 여러 번 했음에도 자꾸 까먹어서 고민이었는데 규칙을 딱딱 정리해 주시니 기억하기도 쉽고 저도 가르치기 수월했어요. 또 1가지! 성인 영어 공부에도 좋은 듯요. 아시다시피 나이가 들수록 이해력은 오르지만 기억력은 떨어지지 않습니까? 공부해도 자꾸 까먹어서 영어울렁증으로 괴로워하는 신랑에게도 보여주고 싶더라고요. 진짜 신청하길 잘했어요.

-sosu****

파닉스를 다 뗐다고 생각했는데 아직 부족한 부분이 있었던지 파닉스 영상을 보면서 처음 알게 된 것 마냥 신기해하고 재미있어하네요~ 음가로 노래를 부르는 부분에서도 큰 소리로 따라 하면서 아주 열심이네요~^^ 수업을 받았던 부분에서 알게 된 내용은 영어책을 보면서 저에게 설명도 해주더라고요~ 중딩 딸내미도 이 영상을 통해 단어 외우기, 읽기가 좀 더 수월해졌으면 좋겠어요~

-hyej******

영어 읽는 법을 몰라서 여러 문제집, 유튜브 동영상을 봤지만, 나이가 있어서 힘들었어요. 그러다가 인스타를 보다가 선샤인 릴스를 보게 됐는데 귀에 쏙쏙 들어오는 거예요!!! 이거다 싶어 선샤인 파닉스를 신청하게 되었고, 신기하게 조금씩 읽게 됐어요~ 몇 년 해도 안 되던 영어였는데 읽게 되니, 영어에 자신감 생기네요~ 정말 쉽고!! 귀에 쏙쏙!! 너무 감사합니다~~ 많은 도움이 됐어요!!

-rkdd****

파닉스를 모르는 세대인 저는 아이들이 배우는 영어를 이해 못 했는데!! 선샤인 덕분에 이번에 배우면서 이해해 가며 배우고 있어요! 공부해서 배워간다는 게 이렇게 즐겁고 행복한 것임을 이제야 느끼네요!! 저희 아이도 같이 공부해 가려고 해요^^ 감사해요.

-youj****

그동안 다른 파닉스 동영상들도 보고 책도 보고 했는데 정리가 안되던 제 머릿속을 보고 술술 정리해 주신 느낌! '파닉스를 이렇게 하는구나!' '저렇게 생각하니 편하네!' 영상에 빠져들면서 봤네요. 선샤인 파닉스는 저한테는 영알못 엄마도 한번 해볼까 하는 자신감이고 아이들에게는 쉽게 접근해서 엄마와 놀이할 수 있는 방법이었습니다.

-card****

영포자인 엄마 밑에서 영어 노출만 시켜주다 발등에 불이 떨어진 듯 초2가 되니 파닉스라도 제대로 하고 초3을 보내야겠다 싶어 파닉스 책을 몇 권이나 샀는지 몰라요. 매번 A~Z까지 음가만 하다 다음으로 못 넘어가곤 했는데….이렇게 규칙들이 쏙쏙 숨어있었다니….

-euns******

파닉스에 대해서 체계적으로 알려주셔서 많은 도움 되었습니다. 아이가 많이 헷갈려했던 부분들이 많이 해소가 됐어요. 파닉스 규칙을 일목요연하게 정리하셨다는 게 대단하십니다. 영유 보내고 있지만, 문장 읽다가 어려워하던 부분이 있는데 파닉스 세대가 아니어서 그런지 아이에게 알려주기가 어렵더라고요. 이번에 제대로 공부해서 아이에게 알려줄 수 있게 돼서 너무 좋습니다~

-dear*******

1. 강의가 체계적입니다. 다른 파닉스 강의도 들어봤는데, 선샤인만큼 체계적이지 않았습니다. 선샤인은 강의 구성과 설명이 정말 체계적이었습니다. 음가 공부하는 방식도 쉽게 알려주셨고요, 아이들과 함께 어떻게 접근해야 하는지 왜 이 순서로 공부를 해야 하는지 너무 명확하게 설명해 주셔서 그동안 파닉스 공부를 하면서 들었던 궁금증이 다 해소되었습니다. 2. 알찬 교재. 파닉스 역시 딱! 필요한 것만 알차게 들어 있어서 평소에도 가지고 다니면서 짬짬이 시간 날 때마다 볼 수 있어서 좋았습니다 3. 강의하시는 선샤인 님의 얼굴, 목소리가 너무 예쁩니다!

-chih*******

이렇게 많은 분들이 선샤인 파닉스를 통해 영어 읽기를 터득하고, 자신감을 얻었다는 후기를 보내주셨습니다. 이 책에서는 단순히 특강에서 다룬 내용만 다루지 않습니다. 특강에서 소개된 파닉스의 기본은 물론, 빈도적으로 낮아서 특강 때는 다루지 않았던 그 이상의 심화된 내용과 다양한 학습법들이 추가되어, 파닉스를 보다 철저하게, 그리고 더 효과적으로 익힐 수 있도록 구성하였습니다. 이 책을 통해 읽기와 쓰기에 대한 자신감을 확실히 키울 수 있을 거예요.

목차

0단계 **이해편**

파닉스란 무엇일까?

3단계 강화편
불규칙한 단어는
한눈에 보며 익히기

4단계 실전편
문장 피라미드로
유창하게 문장 읽기

5단계 종결편
영어 읽기의 마스터,
리딩에 날개를 달자!

0단계 이해편

파닉스란
무엇일까?

1

의외로 어른들은 모르는, '알고 보면 재미있는' 파닉스!

제가 파닉스 콘텐츠를 올리면, 많은 분들이 너무 재미있고 신기하다고 말씀해 주십니다.

파닉스를 배우지 않았지만, 'cat'을 못 읽는 어른은 없을 거예요. 'key'를 못 읽는 어른도 없을 거예요. c와 k가 어떤 소리를 내냐고 물으면, /크/ 소리를 낸다고, 분명히 말씀하실 수 있을 거예요!

하지만 이 2가지 알파벳도 엄연하게 차이점이 있다는 거 알고 계신가요?

c는 주로 a, o, u, 또는 자음들 앞에 위치합니다.

cat, cut, cold, crab, cream…

반면, k는 e, i, y 앞에만 위치합니다!

key, king, kite, kiss… 모르셨죠?

이렇게 같은 소리를 가진 알파벳이지만, cat을 kat이라고 스펠링을 쓰지 않고, cold를 kold라고 쓰지 않는 것처럼, 평소에 무심코 여겼던 단어들에도 나름의 '파닉스 규칙'이 숨어있어요.

누구나 아는데, 몰랐던 규칙 하나 더 알려드릴게요.

① gum, game, gate, glass
② cage, gym, giraffe

①번 단어들에서는 분명히 /검/, /게임/…. g가 /그/ 소리를 내었는데, ②번 단어들에서는 아닙니다. /케이쥐/라고 읽고, gym은 /쥠/, giraffe는 /쥐뤠프f/…… 왜 갑자기 /쥐/ 소리가 나는 거죠?

g에도 숨겨진 '파닉스 규칙'이 있답니다! g 다음에 자음 또는 a, o, u가 올 때, /그/ 소리가 나고, g 다음에 e, i, y가 오면, /쥐/ 소리가 나거든요!

이와 같이 파닉스를 배우면 영어의 규칙들이 보이기 시작하고, 새로운 영어의 패턴들을 쉽게 이해할 수 있게 됩니다. 영어 읽기를 처음 배우는 어린아이들도, 파닉스를 통해 쉽고 재미있게 배울 수 있어요. 실제로 많은 어른들이 '신세계다', '너무 신기하다', '너무 재미있다', '우리 때 파닉스를 배웠다면 영포자가 되지 않았을 텐데'라고 하며 놀라움을 표현하곤 합니다.

저도 오랜 시간 영어를 가르쳐 왔지만, 처음 영어의 리터러시(문해력) 교육을 받으며 파닉스를 알았을 때, 그 규칙들을 발견하고 너무 재미있어서 흥분했던 기억이 납니다. 저 역시도 단어를 외우고 읽으며 발음 기호를 찾아가면서 배운 세대였기 때문에, 이런 규칙들이 있을 거란 생각을 하지 못했어요. 아마 어른들도 파닉스를 배우게 되면 그 재미와 유익함을 분명히 느끼실 거예요.

저는 이 책을 통해 아이들을 키우면서 처음 접하게 되는 '파닉스'를 쉽게 정리하여 설명하였습니다. 파닉스는 생각보다 훨씬 간단하고 쉬운 규칙들로 이루어져 있기 때문에, 처음엔 어렵게 느껴졌던 파닉스가 '어라? 별거 아니네?'라고 느껴질 만큼 쉬운 방법으로 다가갈 수 있습니다. 이제 깜짝 놀랄 준비를 하고, 따라와 주세요.

②

도대체 파닉스가 뭐예요?

파닉스(Phonics)란, 발음 중심 문자 교육법으로 단어가 가진 소리와 발음의 관계를 배우는 방법입니다. 쉽게 말해, /ㅌ/ 소리가 알파벳 't'에서 나온다는 것을 알고 소리와 문자의 관계를 이해하여 단어를 올바르게 발음할 수 있는 방법을 알게 되는 것이죠. 파닉스를 통해서 소리가 어떤 규칙들로 결합되는지에 대해서도 배울 수 있습니다. 이를 통해 영어 단어를 읽을 때, 규칙에 따라서 글자를 보고 그 소리를 낼 수 있게 됩니다.

파닉스를 배우면 처음 보는 단어라도 글자와 소리의 규칙성을 통해 읽을 수 있게 됩니다. 영어 단어를 하나씩 외우면 그 단어만 읽을 수 있지만, 파닉스 규칙을 하나 배우면 수백 개의 단어를 읽을 수 있는 셈이죠. 예를 들어, 'bole'이라는 단어를 처음 접하더라도, 이미 'hole', 'mole', 'role'과 같은 단어들을 통해 파닉스 규칙을 배운 아이는 이를 바탕으로 쉽게 단어를 읽게 되는 것입니다.

파닉스는 단순히 단어를 읽는 데 그치지 않고, 영어 소리를 듣고 쓰는 능력을 기르는 데 매우 중요한 역할을 합니다. 파닉스를 통해 영어의 기본적인 규칙을 익히면, 아무리 어려운 단어라도 소리의 구성을 떠올리며 두려움 없이 읽고 쓸 수 있습니다.

한글을 배우지 않으면 학습을 할 수 없습니다. 영어도 마찬가지로 영어 읽는 법인 파닉스를 배우지 않으면 영어를 쉽게 읽고 쓸 수가 없습니다. 파닉스는 아이들이 영어를 읽고 쓰는 능력을 빠르게 향상할 수 있는 영어 학습의 기초를 다지는 중요한 단계입니다. 파닉스를 잘 배운 아이들은 영어를 잘 읽고 잘 쓸 수 있게 되고, 영어 성적뿐만 아니라 영어에 대한 자신감에도 큰 영향을 미치게 됩니다.

3

설마, 아직도 파닉스가
필요 없다고 생각하시나요?

우리 세대에 파닉스를 배우지 않았기 때문에 파닉스를 배우지 않아도 된다고 생각하는 분들이 가끔 계십니다. 과연 그럴까요? 파닉스의 탄생 배경을 알게 된다면, 파닉스가 어떻게 나오게 되었는지, 왜 필요한지를 더욱 잘 이해할 수 있답니다.

우리가 현재 사용하고 있는 영어 알파벳과 소리는 어떻게 탄생한 걸까요? 우리나라 한글이 창제된 것처럼 역사적인 배경이 있는 것일까요? 정답은 아닙니다.

지금 사용하는 영어는 이렇게 '탄생'하게 된 것이 아니라, 역사적으로 거슬러 올라가면 고대 페르시아어부터 그리스어, 라틴어, 루마니아어에 독일어, 프랑스어까지 뒤섞여 지금 우리가 사용하는 영어가 되었다고 해요. 영어는 이렇게 역사적으로 변형되며 발전해 왔기 때문에 체계적이고 과학적으로 창제되어 정확성이 있는 한글과는 달리 불규칙적일 수밖에 없었던 것이죠.

그리고 우리나라 한글은 모음 개수와 자음 개수가 비슷한 데 비해, 영어는 26가지 알파벳 중에 모음이 딱 5개밖에 없어요. 자음에 비해서 모음이 너무 적다 보니 하나의 모음이 하나의 소리만 내는 것이 아니라 여러 가지 소리를 내게 됩니다. 모음이 여러 소리를 내게 되니 더욱더 규칙성을 찾기가 더 힘들 수밖에 없어요!

영어가 불규칙할 수 밖에 없는 이유

영어의 탄생? 게르만족의 고대 영어를 사용하다가 노르망디에서 함께 온 귀족들의 프랑스어가 섞이면서 발전, 변형됨.

영어에 영향을 준 언어 고대 페르시아어, 그리스어, 라틴어, 루마니아어, 이탈리아어, 스페인어, 포르투갈어, 프랑스어, 독일어

과학적이고 체계적으로 만들어진 우리의 자랑스러운 '한글'과 비교

한글의 자음과 모음 자음과 모음의 개수가 비슷하다.

ㄱ ㄴ ㄷ ㄹ ㅁ ㅂ ㅅ ㅇ ㅈ ㅊ ㅋ ㅌ ㅍ ㅎ

ㅏ ㅑ ㅓ ㅕ ㅗ ㅛ ㅜ ㅠ ㅡ ㅣ

영어의 자음과 모음 자음에 비해 모음의 개수가 너무 적다.

b c d f g h j k l m n p q r s t v w x y z

a e i o u

이렇게 규칙을 찾기 힘들다 보니, 글 읽기를 힘들어하는 사람들이 많았습니다. 생각해 보세요. 파닉스 교수법이 등장하기 전에는 마치 한문을 외우듯이 모든 영어 단어를 통 글자로 외웠다고 합니다. 얼마나 많은 단어를 외워야 할까요? 영어권 국가에서 문맹률이 높았고, 난독증을 가진 아이들이 많았다고 합니다. 실제로 미국 아이들의 문해력이 심각하게 저하되어 있고, 미국 정부에서 학생들의 읽기 능력 수준을 심각하게 받아들여 '미국 국립 읽기 위원회(The National Reading Panel)'까지 만들었다고 해요. 이 국립 읽기 위원회에서 난독증과 문맹을 해결하기 위해 제시한 교수법이 바로 '파닉스'예요.

사실 파닉스는 지금보다 훨씬 이전인 1800년대에 등장하였으나, 100% 규칙이 아니고 아이들 배우기에 지루해한다는 의견으로 처음 나왔을 당시에는 이 교수법이 주목받지 못했다고 해요. 하지만 파닉스를 배운 지역의 아이들과 배우지 못한 지역의 아이들을 비교하였을 때에 파닉스를 배운 아이들의 문해력이 눈에 띄게 상승한 모습을 보였습니다. 이에 국립 읽기 위원회는 '파닉스는 필수로 배워야 한다.'고 정하였고, 21세기 후반부터는 영미권 국가의 공교육에서 파닉스는 '필수' 교육으로 시행하고 있습니다.

파닉스 덕분에 불규칙한 영어 단어들이 일정한 규칙성을 찾아 정리되어서 얼마나 다행인지 몰라요. 파닉스가 없었다면, 우리 아이들도 여전히 우리가 배운 방법으로 단어를 무작정 발음기호를 체크하며 외우고 있었을 거예요. 파닉스의 탄생 덕분에, 문자에 관심이 생기기 시작하는 어린아이들도, 비영어권 국가의 사람들도 쉽게 읽고 쓰는 법을 배울 수 있게 되었어요.

그러므로 파닉스는 읽기 능력, 문해력을 키워주는 데 꼭 필요한 방법이라고 할 수 있습니다.

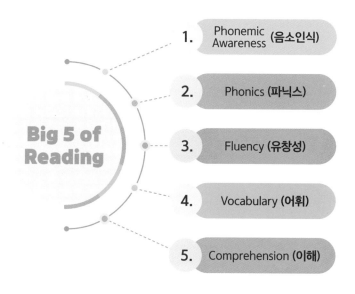

1. Phonemic Awareness (음소인식)

2. Phonics (파닉스)

Big 5 of Reading

3. Fluency (유창성)

4. Vocabulary (어휘)

5. Comprehension (이해)

(Big 5 Pillars of Literacy - by The National Reading Panel(미국 국립 읽기 위원회)

우리나라에서도 파닉스의 효과를 인정하여 2025년 초등학교 3학년부터 적용되는 2022 개정 교육과정 영어 교과 과정에서도 '소리와 철자의 관계를 이해하며 쉽고 간단한 단어, 어구, 문장을 소리 내어 읽는다'라는 항목을 추가하여, 파닉스 교육이 강화된다고 발표하였습니다. 교육부는 파닉스 학습 강화를 통해 최종적으로는 담화나 글을 이해하고 표현하는 문해력 능력 향상을 목표로 하고 있습니다. 그만큼 학부모님들의 파닉스에 관한 관심도 늘어나고 있습니다.

4

우리나라 아이들이 파닉스를 더 쉽게
배울 수 있는 이유

우리나라 한글과 파닉스가 닮은 점이 있답니다. 자음과 모음의 조합으로 이루어진 한글과 같이, 영어도 자음과 모음이 만나서 하나의 **음절** (syllable, 하나로 뭉쳐진 소리 덩어리)을 이루는 점입니다.

예를 들어 우리 한글도 '나무'라는 말을 쓰고 읽으려고 하는데, 자음만 있는 'ㄴㅁ'라고 만 쓰면 읽을 수가 없죠? 'ㅏㅜ'도 읽을 수가 없어요. 영어도 마찬가지로 자음과 모음이 만나야지만 단어를 이룰 수가 있어요. 영어의 모음은 a, e, i, o, u 이렇게 5가지가 있어요. 아무 영어 단어를 떠올려 보세요! 자음과 모음으로 이루어지지 않은 단어가 있나요? 아마 찾기 힘드실 겁니다! (딱 2가지, 모음만으로 이루어진 단어가 있어요, 바로 'I'와 'a'라는 단어입니다!)

이렇게 자음과 모음의 결합으로 이루어진 한글이 [ㅍ+ㅔ+ㄴ=펜]의 원리이듯이, 영어 파닉스도 자음과 모음의 결합인 [p+e+n=pen]의 원리가 적용되는 것이죠.

그래서 한글을 잘 익힌 아이들은 영어 파닉스도 쉽게 익힐 수 있습니다. 미국에서는 아이들이 유치원부터 초등학교 2~3학년까지 약 4~5년을 파닉스를 배운다고 합니다. 우리나라 아이들은 이미 더욱 규칙적인 문자인 '한글'로 언어 조합의 원리를 배운 후에 파닉스를 배우기 때문에, 훨씬 더 쉽고 빠르게 파닉스를 익힐 수 있다고 생각합니다.

5

파닉스 어디까지 알고 있나?
(파닉스 체크리스트)

우리 아이가 파닉스를 얼마나 알고 있는지 체크해볼까요?

❶ 우리 아이는 알파벳 이름과 음가를 정확하게 알고 있습니다.

(a, b, c, d… 이름과 소리를 정확히 알고 있어요.)

☐ 네

☐ 아니요 ----------● p.42부터 더 집중해서 읽어주세요.

❷ 우리 아이는 자음+모음+자음의 결합을 읽을 수 있습니다.

(cat, pit, sun 등의 단어를 소리 내어 읽을 수 있어요.)

☐ 네

☐ 아니요 ----------• p.74부터 더 집중해서 읽어주세요.

❸ 우리 아이는 마지막에 오는 매직 e의 역할을 알고 매직 e 단어를 읽을 수 있습니다.

(cake, pine, tube, bone 등의 단어를 소리 내어 읽을 수 있어요.)

☐ 네

☐ 아니요 ----------• p.80부터 더 집중해서 읽어주세요.

❹ 우리 아이는 자음이 두 개 있는 단어를 읽을 수 있습니다.

(flag, stop, ship, when, ring 등의 단어를 소리 내어 읽을 수 있어요.)

☐ 네

☐ 아니요 ----------• p.93부터 더 집중해서 읽어주세요.

ⓢ 우리 아이는 모음이 두 개 있는 단어를 읽을 수 있습니다.

(flee, tied, coat, rail, claw 등의 단어를 소리 내어 읽을 수 있어요.)

☐ 네

☐ 아니요 --------- p.115부터 더 집중해서 읽어주세요.

ⓖ 우리 아이는 모음 뒤에 오는 r의 소리를 알고 모음 + r의 단어를 읽을 수 있습니다.

(scar, perm, stir, surf 등의 단어를 소리 내어 읽을 수 있어요.)

☐ 네

☐ 아니요 --------- p.145부터 더 집중해서 읽어주세요.

❼ 우리 아이는 묵음 규칙, 긴 단어, 헷갈리는 스펠링 등을 구분하여 읽고 쓸 수 있습니다.

(gnome, December, bridge, capable 등의 단어를 소리 내어 읽을 수 있어요.)

☐ 네

☐ 아니요 --------- p.153부터 더 집중해서 읽어주세요.

이 책은 1단계 〈기본편〉, 2단계 〈완성편〉, 3단계 〈강화편〉, 4단계 〈실전편〉, 5단계 〈종결편〉으로 이루어져 있습니다.

보통의 파닉스 교재나 학원 등에서 배우는 아주 기본적인 파닉스를 다루는 〈기본편〉, 묶음 규칙이나 긴 단어를 읽거나 스펠링을 쓸 때에 더욱 정확성을 높여주는 〈완성편〉, 리딩을 할 때 빠뜨릴 수 없는 사이트워드로 구성된 〈강화편〉, 문장 읽기를 연습하는 〈실전편〉, 마지막으로 영어 읽기를 즐기는 〈종결편〉으로 구성해 두었습니다.

알파벳부터 영어 읽기의 완성까지 모두 한 권에 가득 담아 두었으니, 많은 도움이 되길 바랍니다.

영포자 엄마도 가르칠 수 있는 파닉스

음가

a	/애/	j	/즈/	s	/쓰/
b	/브/	k	/크/	t	/트/
c	/크/	l	/르/	u	/어/
d	/드/	m	/므/	v	/v브/
e	/에/	n	/느/	w	/워/
f	/f프/	o	/아/	x	/크쓰/
g	/그/	p	/프/	y	/여/
h	/흐/	q	/쿼/	z	/z즈/
i	/이/	r	/뤄/		

1

파닉스 기본 무기
: 알파벳의 '대표 소리' 알기

우리가 한글을 배울 때에 ㄱ, ㄴ, ㄷ, ㄹ, ㅁ …. 과 ㅏ, ㅑ, ㅓ, ㅕ, ㅗ, ㅛ ….
등 글자의 이름과 글자가 가지는 소리를 배우듯이, 영어 파닉스를 배울 때
에도 가장 기본은 **총 26가지 알파벳 이름과 그 알파벳이 가진 '대표 소리**(빈
도적으로 가장 많이 내는 소리)를 익히는 것입니다.

알파벳 이름을 모르는 아이들은 잘 없지만, 각 알파벳이 가진 대표 소리
는 잘 몰라요. 이제부터 파닉스에서 가장 기본 무기가 되는 알파벳들의 대
표 소리와 정확한 발음을 익혀보겠습니다.

가장 먼저 5가지 모음들에 대해서 알아볼게요. 여기서 모음은 '어미 모
(母)' 자를 써서 마치 엄마(母)가 자식(子)을 껴안듯이, 자음들의 소리를 껴
안고 모아서 소리를 내어주는 역할을 한다고 생각해 주세요.

(알파벳 전체의 음가를 한 번에 익히는 방법)　음가노래

*책 마지막 페이지의 음가포스터를 이용해서 아이에게 자주 음가를 노출해 주세요.

알파벳의 이름을 모르는 사람은 없는데, 막상 더 중요한 대표 소리를 잘 모르는 경우가 많아요. 영어의 알파벳에서는 모음의 개수가 5개(a, e, i, o, u)밖에 없다 보니, 한 모음이 여러 가지 소리를 내는 경우도 있습니다. 하지만 파닉스를 배울 때는 2가지만 기억해 주세요. 모음의 짧은 음가 소리 (**단모음** : short vowel)와 모음의 이름 소리(**장모음** : long vowel)!

① 단모음 a : 모음 a의 대표 음가(단모음) 소리는 /애/입니다. 발음은 우리가 사과를 한입 앙~하고 베어 먹는 입 모양을 생각하며, 입을 아래위로 벌려 소리를 내어주세요. /애/!

ant = a /애/ + nt /은트/ = /앤트/

apple = a /애/ + pple /플/ = /애플/

angry = a /애/ + ngry /응그뤼/ = /앵그뤼/

② 장모음 a : 모음 a의 이름이 /에이/이기 때문에, a의 장모음 소리는 /에이/입니다!

acorn = a /에이/ + corn /콘/ = /에이콘/

apron = a /에이/ + pron /프론/ = /에이프론/

April = A /에이/ + pril /프뤌/ = /에이프뤌/

e의 알파벳 이름(장모음)은 /이/입니다. 그래서 많은 아이들이 대표 음가(단모음)도 /이/라고 생각하는 경우가 많아요. 하지만 e의 단모음 소리는 /에/랍니다.

① 단모음 e : e의 대표 소리로 /에/라고 발음합니다. 입을 아래위로 벌리는 a의 '애'와는 달리, e의 '에'는 양옆으로 벌려서 소리를 내어주세요.

egg = e /에/ +g /그/ = /에ㄱ/

envelope = e /에/ + nvelope /은벨롶/ = /엔벨롶/

elephant = e /에/ + lephant /을레f펀트/ = /엘레f펀ㅌ/

② 장모음 e : 모음 e의 이름이 /이−/이기 때문에, e의 장모음 소리는 /이−/입니다!

even = e /이−/ + ven /v븐/ = /이−v븐/

eraser = e /이−/ + raser /뤠이졀r/ = /이−뤠이졀r/

me = m /므/ + e /이−/ = /미−/

i의 알파벳 이름은 /아이/입니다. 그래서 시중에 판매가 되는 알파벳 벽보 등에 ice cream(아이스크림) 그림이 그려진 벽보들을 많이 보아서 마치 i의 대표 음가(단모음)가 /아이/인 것처럼 착각하기가 쉬워요. 하지만 i의 단모음 소리는 /이/입니다.

① 단모음 i : i의 단모음 소리는 /이/입니다. 단모음이기 때문에 입 모양을 양옆으로 길게 만들어, 짧게 /이/하고 발음해 주시면 됩니다. 앞에 나오는 장모음 e의 긴소리 /이-/와 구분해 주세요.

in = i /이/ + n /은/ = /인/

igloo = i /이/ + gloo /글루-/ = /이글루-/

insect = i /이/ + nsect /은쎅트/ = /인쎅트/

② 장모음 i : i의 이름이 /아이/이기 때문에, i의 장모음 소리는 /아이/입니다!

hi = h /흐/ + i /아이/ = /하이/

idea = i /아이/ + dea /디어/ = /아이디어/

island = i /아이/ + sland /을랜드/ = /아일랜드/ (s 묵음)

o의 알파벳 이름은 /오-/이지만, o의 대표 소리(단모음)는 /아/입니다.

① 단모음 o : /아/ 발음 시 주의해야 할 점은, 우리나라 발음에서 '아빠' 할 때의 '아'처럼 입을 양옆으로 활짝 벌린 /아/ 소리가 아닙니다. 입을 동그랗고 작게 모은 /아/ 소리예요! o로 시작하는 단어들을 보며, 정확하게 /아/ 소리 연습해 보세요!

ox = o /아/ + x /크쓰/ = /악쓰/

October = o /아/ + ctober /크토벌r/ = /악토벌r/

octopus = o /아/ + ctopus /크터퍼쓰/ = /악터퍼쓰/

② 장모음 o : o의 이름이 /오-/이기 때문에, o의 장모음 소리는 /오-/입니다!

go = g /그/ + o /오-/ = /고-/

no = n /느/ + o /오-/ = /노-/

so = s /쓰/ + o /오-/ = /쏘-/

① 단모음 u : u의 대표 소리, 즉 단모음 소리는 /어/입니다. 단모음 소리이기 때문에 짧게 발음해 주세요!

up = u /어/ + p /프/ = /엎/

under = u /어/ + nder /은덜r/ = /언덜r/

umbrella = u /어/ + mberella /음브뤨라/ = /엄브뤨라/

② 장모음 u : u의 알파벳 이름이 /유-/이기 때문에, 장모음 소리는 /유-/입니다.

unit = u /유/ + nit /닡/ = /유닡/

unicorn = u /유/ + nicorn /니콘r/ = /유니콘r/

universe = u /유/ + niverse /니벌r스/ = /유니벌r쓰/

이제 자음의 차례입니다. 다행히도 모음의 개수에 비해 많기 때문에 규칙성이 있는 편입니다. 자음들은 대부분 자기의 이름에 힌트가 있어요!

b의 음가 소리는 알파벳의 이름 '비'에서도 힌트를 얻을 수 있듯이, /브/입니다

우리나라 'ㅂ'의 소리처럼 발음을 할 때에 소리가 입술에서 터져 나오듯이 발음해 주시면 됩니다.

bat = b /브/ + at /앹/ = /뱉/

but = b /브/ + ut /엍/ = /벝/

blue = b /브/ + lue /을루/ = /블루/

알파벳 자음 중에 2가지 소리를 내는 자음이 c와 g로 딱 2가지인데, 그 중 첫 번째가 c입니다.

c의 알파벳 이름은 '씨'인데, 가장 빈도적으로 많이 내는 대표 음가는 /ㅋ/입니다. 소리가 딱딱하기 때문에 이걸 우리는 하드 c(Hard C)라고 부릅니다.

그리고 자신의 이름 소리와 닮은 /쓰/ 소리를 내는 경우도 있는데, 이때 비교적 소리가 부드러워 이걸 소프트 c(Soft C)라고 합니다

① 하드 c /ㅋ/ : 주로 자음 앞, 또는 모음 a, o, u 앞에서 /ㅋ/ 소리를 냅니다.

cat = c /크/ + at /앹/ = /캩/

cake = c /크/ + ake /에잌/ = /케잌/

class = c /크/ + lass /을래쓰/ = /클래쓰/

② 소프트 c /쓰/ : c가 e, i, y 앞에 오는 경우는 자신의 이름 소리처럼 /쓰/ 소리를 내어줍니다.

cent = c /쓰/ + ant /엔트/ = /쎈트/

city = c /쓰/ + ity /이티/ = /씨티/

cycle = c /쓰/ + ycle /아이클/ = /싸이클/

c의 두 가지 소리

8 자음 d

자음 d의 알파벳 이름이 '디'인 것처럼, 대표 음가도 /드/ 소리를 내어주면 됩니다.

한글에서의 'ㄷ'과 소리가 유사하여 어려움이 없어요.

dog = d /드/ + og /오그/ = /도ㄱ/

dam = d /드/ + am /앰/ = /댐/

deep = d /드/ + eep /이-프/ = /딮-/

자음 f는 우리나라 한글의 발음에는 없는 소리입니다. 알파벳 이름 '에f 프'를 발음하는 것처럼 아랫입술을 살짝 물고 바람이 새어 나오듯 /f프/ 소리를 내어주세요.

fan = f /f프/ + an /앤/ = /f팬/

fin = f /f프/ + in /인/ = /f핀/

frog = f /f프/ + rog /r로그/ = /f프r로ㄱ/

자음 g도 자음 c처럼 2가지 소리를 내는 두 자음 중 하나입니다. 이름은 '쥐'라고 읽는데, 주로 내는 소리는 /그/ 소리입니다. /그/ 소리를 낼 때, 소리가 딱딱해서 하드 g(Hard G)라고 부르고, 자기 이름 소리인 /쥐/ 소리를 낼 때는, 소리가 부드러워서 소프트 g(Soft G)라고 부릅니다.

① 하드 g /그/ : g가 /그/ 소리를 내는 경우가 더 대표적입니다. g 뒤에 자음, 또는 모음 a, o, u가 올 때 /그/ 소리를 내어주세요.

gap = g /그/ + ap /앺/ = /갶/
gum = g /그/ + um /엄/ = /검/
glass = g /그/ + lass /을래쓰/ = /글래쓰/

② 소프트 g /쥐/ : g가 e, i, y 앞에 오는 경우는 자신의 이름 소리와 비슷하게 /즈/, 마지막에 올 땐 /쥐/ 소리를 내어주세요.

gem = g /즈/ + em /엠/ = /젬/
gym = g /즈/ + ym /임/ = /짐/
giraffe = g /즈/ + irraffe /이뤠f프/ = /지뤠f프/

g의 두 가지 소리

11 자음 h

　자음 h는 입에서 한숨을 쉬듯 바람이 빠져나가는 힘없는 소리입니다. 그래서 ch, sh, th, wh, ph 종종 다른 자음들과 만나면 다른 소리를 만들기도 하지요. h의 음가는 우리 한글의 /ㅎ/ 소리와 흡사합니다. 힘을 빼고 입김을 불 듯 /흐/ 소리를 내어주세요.

hat = h /흐/ + at /애트/ = /햍/

hit = h /흐/ + it /이트/ = /힡/

hot = h /흐/ + ot /아트/ = /핱/

12 자음 j

자음 j는 알파벳 이름 '제이'에서도 힌트를 얻을 수 있듯이, /즈/ 소리를 내어줍니다. 정확하게 한글의 발음과 일치하지 않아서 타 교재에 /즈/, /져/, /줘/ 등으로도 표현되기도 하지만, 간단하게 /즈/라고 알려주면 단어를 잇는 조합을 할 때에 무리가 없습니다.

jam = j /즈/ + am /앰/ = /잼/
jump = j /즈/ + ump /엄프/ = /점프/
jelly = j /즈/ + elly /엘리/ = /젤리/

자음 k는 이름 /케이/에서 눈치채셨듯이, 대표 소리는 /크/ 소리가 납니다. 하드 C 소리와 같은 소리라서 /크/ 소리가 납니다. c와 k의 차이는 부록에 조금 더 자세하게 설명을 드렸습니다.

kite = k /크/ + ite /아이트/ = /카이트/

key = k /크/ + ey /이/ = /키-/

king = k /크/ + ing /잉/ = /킹/

⑭ 자음 l

　자음 l의 대표 소리 역시 이름에서 힌트를 찾을 수 있어요. l의 이름이 '엘'이니, 받침 /ㄹ/보이시죠? l은 /ㄹ/ 소리가 납니다. 주로 영미권에서 파닉스를 가르칠 때에는 /을/이라고 알려주는데, 한국 어린이들 1,000명 이상 가르쳐본 결과 /을/이라고 알려주기보다는 /르/ 소리라고, 다소 정직하게 발음을 해주는 편이 음가를 조합할 때에 수월하게 익힐 수 있었습니다. 하지만, 단어의 끝에 오는 l은 /ㄹ(을)/ 소리로 받침으로 생각해 주세요. (e.g. bell : /벨/, −ld : /을ㄷ/, −lk : /을ㅋ/)

let = l /르/ + et /에트/ = /렡/
little = l /르/ + ittle /이틀/ = /리틀/
ladder = l /르/ + adder /애덜r/ = /래덜r/

자음 m의 경우도 l과 마찬가지로 '엠' 이름의 받침 속에서 힌트를 얻을 수 있습니다. /ㅁ/ 소리로 /므/라는 발음으로 알려주었을 때 어렵지 않게 단어를 읽어낼 수 있었습니다. l과 마찬가지로, 단어의 마지막에서는 받침 /ㅁ(음)/ 소리가 됩니다.

mat = m /므/ + at /애트/ = /맽/

mop = m /므/ + op /앞/ = /맢/

milk = m /므/ + ilk /일ㅋ/ = /밀크/

16 자음 n

자음 n의 알파벳 이름이 '엔'이라, 받침에도 보이듯, 음가 소리는 /ㄴ/입니다. l, m과 마찬가지로 /느/라고 발음하며, 단어 끝에서는 /ㄴ(은)/ 받침 소리가 납니다.

nap = n /느/ + ap /앺/ = /냎/

net = n /느/ + et /엩/ = /넽/

note = n /느/ + ote /오-트/ = /노-트/

자음 p

자음 p의 음가는 '피'라는 이름에서도 알 수 있듯이, /프/ 소리입니다. 바람이 입술 밖으로 터져 나오듯이 소리를 내어 발음해 주면 됩니다.

pan = p /프/ + an /앤/ = /팬/

pig = p /프/ + ig /이그/ = /피ㄱ/

pot = p /프/ + ot /아트/ = /팥/

자음 q의 비밀을 아시나요? q는 99.9%의 단어에서 u와 함께 쓰입니다. qu가 떨어져 있는 단어는 Qatar(콰타르r)처럼 외래어에서 유래된 몇 가지 단어들밖에 없다고 해요! qu는 입을 작고 동그랗게 모아서 /쿼/라는 소리를 내어줍니다.

quiz = qu /쿼/ + iz /이z즈/ = /쿼z즈/

queen = qu /쿼/ + een /인/= /퀸/

question = qu /쿼/ + estion /에스쳔/ = /퀘스쳔/

　자음 r은 알파벳 이름인 'Rr'을 발음할 때에도 그렇듯, 우리 한글 소리에 없는 발음입니다. '알r'이라고 발음을 하면서 혀를 입 안으로 집어넣는 느낌이 있거든요. 특히 이 발음은 l의 발음과는 정확하게 구분하여 발음을 해주어야 합니다. l의 발음은 '랄랄라'하고 노래 부르듯 혀가 입천장까지 올라갔다가 내려오는 '르' 발음이지만, r은 혀가 입 속 어디에도 닿지 않는 발음입니다. 그래서 r의 음가를 가장 비슷한 한글 표기법으로 표현했을 때 /뤄/라고 할 수 있습니다.

run = r /뤄/ + un /언/ = /뤈/

rip = r /뤄/ + ip /이프/ = /뤞/

rabbit = r /뤄/ + abbit /애빝/ = /뤠빝/

20 자음 s

 자음 s는 알파벳 이름 '에쓰' 속에서 이미 소리가 보입니다. s의 음가는 바로 /쓰/ 소리 입니다. 보통 한글 표현으로는 /스/라고 표기하기도 하지만, /쓰/ 소리에 조금 더 가깝게 발음됩니다.

sun = s /쓰/ + un /언/ = /썬/

sat = s /쓰/ + at /애트/ = /쌭/

send = s /쓰/ + end /엔드/ = /쎈ㄷ/

㉑ 자음 t

자음 t는 알파벳 이름 '티'에서도 알 수 있듯이, /트/ 소리가 납니다. 우리 한글의 'ㅌ'과 유사한 발음으로 발음하기 어렵지 않습니다.

tap = t /트/ + ap /애프/ = /트애프/

tip = t /트/ + ip /이프/ = /티프/

ten = t /트/ + en /엔/ = /텐/

자음 v는 알파벳 이름 '뷔'처럼 /v브/ 소리가 납니다. 하지만 이는 우리 나라의 발음에 없는 발음이므로 자음 b와 구분하여 발음하는 것에 주의해야 합니다. f를 발음할 때처럼 윗니를 아랫입술에 대고 바람이 새어 나오는 소리와 함께 /v브/ 하고 발음해 주세요.

van = v /v브/ + an /앤/ = /v밴/

vet = v /v브/ + et /에트/ = /v벧/

vest = v /v브/ + est /에스트/ = /v베스트/

자음 w

자음 w의 음가는 알파벳 이름인 더블유와 달라요. w는 /워/라는 소리를 냅니다. 이 소리를 모음으로 생각하시는 분들도 계신데, 영어에서는 모음으로 생각하지 않아요. 그래서 앞에 정관사 the가 오더라도 /더/라고 발음합니다. (e.g. the watch /더 와취/)

wet = w /워/ + et /에트/ = /웻/

work = w /워/ + ork /월r크/ = /월rㅋ/

water = w /워/ + ater /어털r/ = /워털r/

*미국에서는 t가 모음 사이에 있는 경우 /rㄹ/발음을 내주는 경향이 있습니다. /워r럴r/

자음 x의 알파벳 이름은 '엑쓰'이죠. 그래서 x의 음가는 2가지 소리가 납니다. 바로 /크쓰/!

/쓰/에 비해서 /크/는 약간 짧게 소리를 내어주세요. 주로 단어의 마지막에서 사용되며, /크쓰/ 소리를 내고, x가 단어의 앞에 나올 때, /(그)z즈/ 소리를 내기도 합니다.

fox = fo /f파/ + x /크쓰/ = /f팍쓰/

box = bo /바/ + x /크쓰/ = /박쓰/

tax = ta /태/ + x /크쓰/ =/택쓰/

자음 y

자음 y가 자음으로 쓰여서, 단어의 앞에 올 때는 /(으)여/라는 소리를 냅니다. 이는 우리나라 한글로 표현할 수 없는 발음이지만, /여/라고 음가를 알려주어도 단어를 읽을 때 무리가 없었습니다.

yogurt = y /여/ + ogurt /오걸r트/ = /요걸r트/

yes = y /여/ + es /에쓰/ = /예쓰/

yellow = y /여/ + ellow /엘로-/ = /옐로-/

자음 z의 알파벳 이름은 '즤'이며, z의 음가 소리 또한 /z즈/ 하고 소리가 납니다. 여기서 주의해야 할 점은 z의 소리를 자음 j 또는 g와 구분해 주어야 하는 점입니다. 자음 z는 윗니와 아랫니를 서로 맞닿은 상태에서 /z즈/ 하고 소리를 내어 소리가 빠져나가며 진동이 이로 느껴져야 하는 소리입니다.

zip = z /z즈/ + ip /잎/ = /z짚/

zero = z /z즈/ + ero /이-로-/ = /z지-로-/

zebra = z /z즈/ + ebra /이-브롸/ = /z지-브롸/

모음이 되고 싶은 y
(y as a vowel)

/여/ 소리를 내는 자음 y(와이)는 모음이 되고 싶은 알파벳입니다. 그래서 반모음이라도고 불리는 자음 y는 다음의 경우에 모음이 되어서, /이-/ 또는 /아이/ 소리를 내곤 합니다.

❶ 2음절 이상의 단어에서 y가 마지막에 올 때 : 장모음 e/이-/ 소리를 내어요.

happy = happ /햅/ + y /이/ = /해피/

sunny = sunn /썬/ + y /이/ =/써니/

rainy = rain /뤠인/ + y /이/ =/뤠이니/

❷ 1음절 단어에서 y가 마지막에 올 때 : 장모음 i /아이/ 소리를 내어요.

my = m /므/ + y /아이/ = /마이/

sky = sk /스크/ + y /아이/ = /스카이/

cry = cr /크뤄/ + y /아이/ = /크롸이/

❸ y가 단어의 중간에서 모음 소리를 낼 때 : 단모음 i /이/ 소리를 내어요.

gym = g /즈/ + y /이/ + m /므/ = /짐/

myth = m /므/ + y /이/ + th /쓰(뜨)/ = /미쓰(뜨)/

lyric = l /르/ + y /이/ + ric(륔) = /리륔/

같은 소리가 나는
c, k의 차이점?

같은 /크/ 소리를 가진 c와 k. 어떻게 구분하면 좋을까요?

1. 마지막 소리가 /크/인 경우

❶ −ck : 둘은 소리가 같아서 마치 단짝 친구처럼 함께 나오는 경우가 있어요. 바로 단모음 뒤에 /크/ 소리를 내는 경우에 ck는 함께 쓰입니다.

pack = pa /패/ + ck /크/ = /팩/

sick = si /씨/ + ck /크/ = /씩/

click = cli /클리/ + ck /크/ = /클릭/

luck = lu /러/ + ck /크/ = /럭/

❷ −k : 마지막 소리가 /크/인데, 그 앞에 자음이나, 이중모음이 들어있는 경우는 −k로 씁니다.

milk = mil /밀/ + k /크/ = /밀ㅋ/
fork = for /f폴r/ + k /크/ = /f폴ㅋ/
peak = pea /피/ + k /크/ = /피ㅋ/ .

❸ −c : 2음절 이상의 소리에서 마지막 소리가 /크/인 경우에는 −c로 씁니다.

music = musi /뮤지/ + c /크/ = /뮤직/
public = publi /퍼블리/ + c /크/ = /퍼블릭/
panic = pani /패니/ + c /크/ = /패닉/

마지막 소리가 /크/인 c와 k

2. 첫소리가 /크/인 경우

첫소리가 /크/인 경우에, 어느 알파벳을 적어야 하는지 헷갈리는 아이들
이 많이 있어요. "cat, kat 둘 다 /캩/ 아닌가요?"라고 묻는 아이가 있다면,
이렇게 구분해서 이야기해 주세요!

❶ c-는 보통 a, o, u 앞, 또는 자음 앞에서 쓰여요.

> cap = c /크/ + a /애/ + p /프/ = /캪/
>
> cop = c /크/ + o /아/ + p /프/ = /캎/
>
> cup = c /크/ + u /어/ + p /프/ = /컾/

❷ k-는 보통 e, i, y 앞에서 쓰여요.

> key = k /크/ + ey /이/ = /키/
>
> king = k /크/ + ing /잉/ = /킹/
>
> sky = sk /스크/ + y /아이/ = /스카이/

첫소리가 /크/인 c와 k

2

음가만 알아도 읽을 수 있다
: 단모음 읽기

단모음 읽기는 이때까지 배운 26자의 기본 음가만 알고 특별한 기술 없이도 소리를 이어서 읽는 연습을 해주면 됩니다. 이렇게 소리를 잇는 것을 **조합하기(Blend)**라고 합니다.

예를 들면, mat라는 단어는 /므-애-트/라는 각자의 소리를 짧게 이어서 /매트/라는 소리가 나는 것이죠! 여기서 핵심은 조합(Blend)! 즉, 각각의 음가 소리들을 짧게 뭉쳐보는 연습을 하는 것입니다. 처음에는 끊어서 따로 소리를 내어도 좋아요. 점점 소리의 속도를 빠르게 만들어 보세요!

그럼, 이제 본격적으로 단어를 읽어보며 연습하도록 하겠습니다.

1 단모음 a

　단모음 a를 사이에 두고, 앞뒤로 자음들이 감싸고 있는 형태의 단어들을 읽어보는 연습을 하겠습니다. 마지막 소리는 빠르게 읽으면서, 살짝 발음 해 주면, 더욱 깔끔한 발음이 됩니다. 앞서 말씀드린 것처럼 단모음 a는 입을 아래위로 벌리는 /애/ 소리입니다.

ham = h /흐/ + a /애/ + m /음/ = /흐애음/ = 빠르게 읽어서 /햄/

ram = r /뤄/ + a /애/ + m /음/ = /뤄애음/ = 빠르게 읽어서 /뤰/

cap = c /크/ + a /애/ + p /프/ = /크애프/ = 빠르게 읽어서 /캐ㅍ/

can = c /크/ + a /애/ + n /은/ = /크애은/ = 빠르게 읽어서 /캔/

hat = h /흐/ + a /애/ + t /트/ = /흐애트/ = 빠르게 읽어서 /해ㅌ/

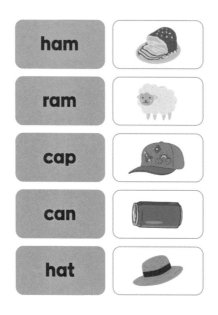

단모음 e를 사이에 두고, 앞뒤로 자음들이 감싸고 있는 형태의 단어들을 읽어보는 연습을 하겠습니다. 단모음 e는 /에/ 소리로 단모음 a의 소리와 달리 입 모양을 살짝 양옆으로 벌리며 내는 소리입니다.

bed = b /브/ + e /에/ + d /드/ = /브에드/ = 빠르게 읽어서 /베ㄷ/

red = r /뤄/ + e /에/ + d /드/ = /뤄에드/ = 빠르게 읽어서 /뤠ㄷ/

pen = p /프/ + e /에/ + n /은/ = /프에은/ = 빠르게 읽어서 /펜/

hen = h /흐/ + e /에/ + n /은/ = /흐에은/ = 빠르게 읽어서 /헨/

jet = j /즈/ + e /에/ + t /트/ = /즈에트/ = 빠르게 읽어서 /제ㅌ/

단모음 i를 사이에 두고, 앞뒤로 자음들이 감싸고 있는 형태의 단어들을 읽어보는 연습을 하겠습니다. 단모음 i는 /이/는 입을 양옆으로 벌리며 발음해 주세요.

bib = b /브/ + i /이/ + b /브/ = /브이브/ = 빠르게 읽어서 /비ㅂ/

hid = h /흐/ + i /이/ + d /드/ = /흐이드/ = 빠르게 읽어서 /히ㄷ/

pig = p /프/ + i /이/ + g /그/ = /프이그/ = 빠르게 읽어서 /피ㄱ/

win = w /워/ + i /이/ + n /은/ = /워이은/ = 빠르게 읽어서 /윈/

rip = r /뤄/ + i /이/ + p /프/ = /뤄이프/ = 빠르게 읽어서 /뤼ㅍ/

bib

hid

pig

win

rip

단모음 o를 사이에 두고, 앞뒤로 자음들이 감싸고 있는 형태의 단어들을 읽어보는 연습을 하겠습니다. 단모음 o는 /아/ 소리이며, 한글에서 '아'를 발음할 때보다는 입을 작게 벌려주세요.

hop = h /흐/ + o/아/ + p /프/ = /흐아프/ = 빠르게 읽어서 /하프/

mop = m /므/ + o /아/ + p /프/ = /므아프/ = 빠르게 읽어서 /마프/

hot = h /흐/ + o /아/ + t /트/ = /흐아트/ = 빠르게 읽어서 /하트/

not = n /느/ + o /아/ + t /트/ = /느아트/ = 빠르게 읽어서 /나트/

box = b /브/ + o /아/ + x /크쓰/ = /브아크쓰/ = 빠르게 읽어서 /박쓰/

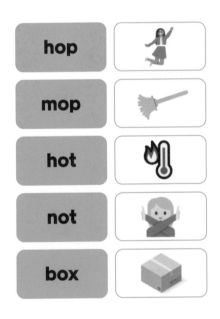

단모음 u는 /어/ 소리를 내어줍니다. 단모음 u를 가운데에 둘러싼 하나
의 음절로 된 단어들을 읽어보는 연습을 해봅시다.

tub = t /트/ + u /어/ + b /브/ = /트어브/ = 빠르게 읽어서 /터ㅂ/

hug = h /흐/ + u /어/ + g /그/ = /흐어그/ = 빠르게 읽어서 /허ㄱ/

sun = s /쓰/ + u /어/ + n /은/ = /쓰어은/ = 빠르게 읽어서 /썬/

cup = c /크/ + u /어/ + p /프/ = /크어프/ = 빠르게 읽어서 /커ㅍ/

mud = m /므/ + u /어/ + d /드/ = /므어드/ = 빠르게 읽어서 /머ㄷ/

3

기본 규칙 1.
네 이름을 말해봐 : 매직 e

이제부터는 '규칙'이 적용됩니다. 이전까지는 규칙이랄 것 없이 기본 음가만 알고 있어도 붙여서 소리를 내어주면 되었습니다.

처음 배울 규칙은 바로 **매직 e!**

영어 단어 중에 마지막에 e가 있는 단어들이 많이 볼 수 있습니다.

tape, bake, cake, decide, provide….

요즘 아이들도 많이 보는 You Tube에도 e가 마지막에 오네요?

이렇게 단어의 끝에 오는 e는 대부분의 단어들을 '매직 e단어'라고 부릅니다. 왜 '매직(magic)' e라고 불릴까요? 단어의 마지막에 있는 e는 자기 자신은 소리를 내지 않아요. 그 대신 앞에 있는 모음들에게 마술을 걸죠. 어떤 마술이냐면, '네 이름을 말해봐!'라는 마술입니다! 그래서 매직 e 앞에 있는 모음들은 자신의 이름(장모음) 소리를 자신 있게 냅니다!

예를 들어 kite에서 마지막 e는 매직 e라서 소리를 내지 않아요! e는 앞에 있는 모음 i에게 '네 이름을 말해봐!' 마술을 걸어요. 그래서 i는 더 이상 /이/라고 말하지 않고, 자기 이름인, /아이/라고 말하는 거예요.

k /크/ + i /아이/ + t /트/ + 매직e =/크아아트/ = /카이트/

어때요? 재미있죠? 이제 매직 e가 들어 있는 단어들을 읽어보겠습니다.

매직 e

1 a_e 나는 마술사 매직 e! 모음아, 네 이름을 말해봐!

매직 e앞에 있는 a는 자기 이름인 장모음 /에이/ 소리를 내어줍니다. 자음들은 똑같이 발음하니, 어렵지 않게 읽을 수 있을 거예요. 연습해 볼까요?

cape = c /크/ + a /에이/ + p /프/+ 매직 e = /크에이프/
= 빠르게 읽어서 /케이ㅍ/

tape = t /트/ + a /에이/ + p /프/ + 매직 e = /트에이프/
= 빠르게 읽어서 /테이ㅍ/

hate = h /흐/ + a /에이/ + t /트/ + 매직 e = /흐에이트/
= 빠르게 읽어서 /헤이ㅌ/

cane = c /크/ + a /에이/ + n /은/ + 매직 e = /크에이은/
= 빠르게 읽어서 /케인/

mane = m /므/ + a /에이/ + n /은/ + 매직 e = /므에이은/
= 빠르게 읽어서 /메인/

cape

tape

hate

cane

mane

매직 e앞에 있는 e는 자기 이름인 장모음 /이-/ 소리를 내어줍니다. 장
모음은 긴소리라서 단모음 i의 짧은소리와 구분해서 길게 내주셔야 해요!
실제 1음절 단어 중에 e_e 단어가 잘 없어서 남자 이름에서 주로 쓰이는 이
름도 포함했습니다.

eve = e /이-/ + v /브v/ + 매직 e = 빠르게 읽어서 /이-브v/

Pete = p /프/ + e /이-/ + t /트/ + 매직 e = /프이트/ = 빠르게 읽어서 /피트/

Steve = st /스트/ + e /이-/ + v /브v/ + 매직 e = /스트이-브v/

= 빠르게 읽어서 /스티-브v/

compete = comp /컴프/ + e /이-/ + t /트/ + 매직 e = /컴프이-트/

= 빠르게 읽어서 /컴피-ㅌ/

*com에서 o는 슈와소리 /어/. 〈완성편〉에서 더 자세히 다룹니다.

eve	
Pete	
Steve	
compete	

매직 e앞에 있는 i는 자기 이름인 장모음 /아이/ 소리를 내어줍니다.

bike = b /브/ + i /아이-/ + k /크/ + 매직 e = /브아이크/

= 빠르게 읽어서 /바이ㅋ/

ride = r /뤄/ + i /아이-/ + d /드/ + 매직 e = /뤄아이드/

= 빠르게 읽어서 /롸이ㄷ/

hide = h /흐/ + i /아이-/ + d /드/ + 매직 e = /흐아이드/

= 빠르게 읽어서 /하이ㄷ/

pine = p /프/ + i /아이-/ + n /은/ + 매직 e = /프아이은/

= 빠르게 읽어서 /파인/

wine = w /워/ + i /아이-/ + n /은/ + 매직 e = /워아이은/

= 빠르게 읽어서 /와인/

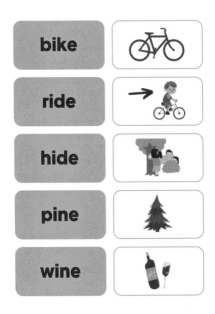

bike	
ride	
hide	
pine	
wine	

매직 e앞에 있는 o는 자기 이름인 장모음 /오-/ 소리를 내어줍니다.

note = n /느/ + o /오-/ + t /트/ + 매직 e = /느오-트/

= 빠르게 읽어서 /노-ㅌ/

robe = r /뤄/ + o /오-/ + b /브/ + 매직 e = /뤄오-브/

= 빠르게 읽어서 /r로-ㅂ/

bone = b /브/ + o /오-/ + n /은/ + 매직 e = /브오-은/

= 빠르게 읽어서 /본-/

mole = m /므/ + o /오-/ + l /을/ + 매직 e = /므오-을/

= 빠르게 읽어서 /몰-/

joke = j /즈/ + o /오-/ + k /크/ + 매직 e = /즈오-크/

= 빠르게 읽어서 /조-ㅋ/

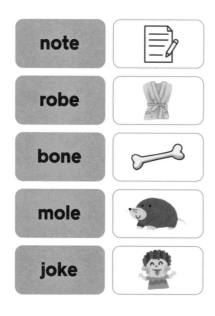

note	(그림)
robe	(그림)
bone	(그림)
mole	(그림)
joke	(그림)

5 u_e 나는 마술사 매직 e! 모음아, 네 이름을 말해봐!

매직 e앞에 있는 u는 자기 이름인 장모음 /유/ 소리를 내어줍니다.

tube = t /트/ + u /유/ + b /브/ + 매직 e = /트유브/ = 빠르게 읽어서 /튜ㅂ/

cute = c /크/ + u /유/ + t /트/ + 매직 e = /크유트/ = 빠르게 읽어서 /큐ㅌ/

mute = m /므/ + u /유/ + t /트/ + 매직 e = /므유트/ = 빠르게 읽어서 /뮤ㅌ/

June = J /즈/ + u /유/ + n /은/ + 매직 e = /즈유은/ = 빠르게 읽어서 /쥰/

cube = c /크/ + u /유/ + b /브/ + 매직 e = /크유브/ = 빠르게 읽어서 /큐ㅂ/

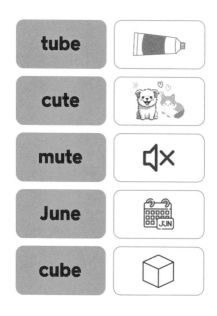

tube

cute

mute

June

cube

합체자음팀

ch /츠/

ph /ㅍ프/

sh /쉬/

th /쓰(뜨)/

wh /워/

ng /응/

기본 규칙 2.
자음 둘이 함께 : 이중자음

단모음 조합과 마지막에 e가 들어가는 매직 e 장모음을 마스터하였다면,
이제는 자음 두 개가 붙어있는 이중자음을 알려드릴게요!

이중자음은 크게 2가지로, st(스트), sk(스크)처럼, 단순히 두 개의 이중
자음의 순서에 맞게 이어서 따로따로 소리를 내는 '**따로자음팀**(Consonant
Blends)'과, ch(츠), sh(쉬)처럼 두 자음이 합쳐 하나의 새로운 소리를 내는
'**합체자음팀**(Consonant Digraphs)'으로 나눌 수 있습니다. 이해를 쉽게하
기 위하여 '따로자음팀'과 '합체자음팀'으로 이름을 붙였습니다.

. 이중자음이라고 해서, 규칙 없이 아무 자음 둘을 붙이진 않아요! 보통 이중자음의 두 번째 글자가, l 또는 r, 첫 번째 글자가 s로 시작하곤 합니다. 이 자음들은 각각의 소리를 순서대로 내어주면 됩니다. 먼저 '-l'로 끝나는 단어들은 어떻게 읽으면 좋을까요? l 발음의 특징을 살펴보면, 혀가 입천장에 붙었다가, 입 바닥으로 내려오며 마치 '랄랄라' 할 때처럼 /르/ 발음이 나옵니다. 그래서 이중자음이 되었을 때 bl는 /블르/로 '앞 자음의 받침소리까지 영향을 끼치는 것'이 특징입니다.

black = bl /블르/ + ack /애크/ = /블르애크/ = 빠르게 읽어서 /블래ㅋ/

blame = bl /블르/ + ame /에이음/ = /블르에이음/ = 빠르게 읽어서 /블레임/

clip = cl /클르/ + ip /이프/ = /클르이프/ = 빠르게 읽어서 /클리ㅍ/

club = cl /클르/ + ub /어브/ = /클르어브/ = 빠르게 읽어서 /클러ㅂ/

flag = fl /플르/ + ag /애그/ = /f플르애그/ = 빠르게 읽어서 /f플래ㄱ/

black	
blame	
clip	
club	
flag	

따로자음팀 중 '-r'로 끝나는 단어들은 어떻게 읽으면 좋을까요? 한국인들이 생각하기에는 둘 다 'ㄹ'로 표기되기 때문에 구분하기 어려운 r 발음과 l 발음의 차이점을 정확하게 알아야 해요.

r 발음의 특징을 살펴보면, 혀가 입안 어느 곳에도 닿지 않기에, 한글로 가장 비슷한 표기를 찾는다면, '뤄'라고 발음해 주시면 편해요. 그래서 bl(블르)와 달리, br는 /브뤄/는 '앞 자음의 받침소리에 영향을 끼치지 않는 것'이 특징입니다.

grab = gr /그뤄/ + ab /애브/ = /그뤄애브/ = 빠르게 읽어서 /그뤠ㅂ/

grape = gr /그뤄/ + ape /에이프/ = /그뤄에이프/ = 빠르게 읽어서 /그뤠이ㅍ/

prize = pr /프뤄/ + ize /아이즈z/ = /프뤄아이즈z/ = 빠르게 읽어서 /프롸이ㅈz/

trap = tr /트뤄/ + ap /애프/ = /트뤄애프/ = 빠르게 읽어서 /트뤠ㅍ/

trip = tr /트뤄/ + ip /이프/ = /트뤄이프/ = 빠르게 읽어서 /트뤼ㅍ/

grab	
grape	
prize	
trap	
trip	

　이번엔 따로자음팀 중에 s로 시작하는 단어들을 살펴볼게요! s로 시작하는 단어들은 sc, sk, sm, sn, sp, st, sw 뿐만 아니라 str-, spr- 등 삼중 자음도 있답니다. 이러한 단어들도 어렵게 생각할 필요 없이 각각의 자음 소리를 내어주면 됩니다!

sk /쓰크/, st /쓰트/, sw /쓰워/ 쉽죠?

sled = sl /쓸르/ + ed /에드/ = /쓸르에드/ = 빠르게 읽어서 /쓸레ㄷ/

snap = sn /쓰느/ + ap /애프/ = /쓰느애프/ = 빠르게 읽어서 /쓰내ㅍ/

swim = sw /쓰워/ + im /임/ = /쓰워임/ = 빠르게 읽어서 /쓰윔/

smile = sm /쓰므/ + ile /아일/ = /쓰므아일/ = 빠르게 읽어서 /쓰마일/

stop = st /쓰트/ + op /아프/ = /쓰트아프/ = 빠르게 읽어서 /쓰타ㅍ/

4 **새로운 소리 : 합체자음팀 ch**

이제부터는 두 자음이 만나서 새로운 소리가 나는 경우입니다. 쉬운 설명을 위해서 **'합체자음팀'**이라는 이름을 붙여보았습니다. 이들은 대부분 h가 뒤에 붙은 이중 자음인데, h는 바람이 새어 나오는 /흐/ 소리를 내기 때문에 다른 자음과 합체하여 소리를 변화시키는 역할을 해요.

c와 h가 만나면, ch /츠/로 한글의 'ㅊ' 발음보다는 더 입을 모은 /츄/에 가까운 소리를 내어주고, ch가 마지막에 올 때는 /취/ 하고 살짝 발음해 주면 됩니다.

chop = ch /츠/ + op /아프/ = /츠아프/ = 빠르게 읽어서 /차ㅍ/

chat = ch /츠/ + at /애트/ = /츠애트/ = 빠르게 읽어서 /채ㅌ/

chin = ch /츠/ + in /인/ = /츠인/ = 빠르게 읽어서 /친/

catch = ca /캐/ + tch /취/ = /캐취/ = 빠르게 읽어서 /캐취/

*ch가 단모음 앞인 경우, ch 말고, tch를 써줍니다. 〈완성편〉에서 더 자세히 다뤄요.

lunch = lun /런/ + ch /취/ = /런취/ = 빠르게 읽어서 /런취/

chop	
chat	
chin	
catch	
lunch	

⑤ 새로운 소리 : 합체자음팀 ph

이중자음 ph는 고대 그리스어에서 유래된 단어들이 많이 차지하고 있다고 해요. 고대 그리스어에서 ph가 f로 발음되어서 ph는 f와 같은 발음입니다. 아랫입술을 물고 바람이 빠져나가는 /f프/ 소리를 내어주세요!

phone = ph /f프/ + one /온/ = /f프온/ = 빠르게 읽어서 /f폰/

photo = ph /f프/ + o /오-/ + to /토-/ = /f프오-토-/

= 빠르게 읽어서 /f포-토-/

*open syllable이라서 o(오-) 완성편 참고

phonics = ph /f프/ + o /아/ + nics /닉쓰/ = /f프아닉쓰/

= 빠르게 읽어서 /f파닉ㅆ/

graph = gra /그뤠/ + ph /f프/ = /그뤠f프/ = 빠르게 읽어서 /그뤠fㅍ/

dolphin = dol /돌/ + ph /f프/ + in /인/ = /돌f프인/ = 빠르게 읽어서 /돌f핀/

*발음 기호 상에는 'dol'이 [ˈdɑːlfɪn] /달/처럼 표기되어 있지만, 실제 발음에서는 '오'와 '아' 사이의 발음으로 '오'에 조금 더 가깝게 발음됩니다.

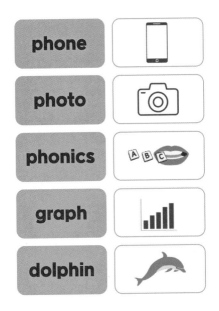

합체자음팀 sh는 s의 /스/ 소리에서 바람이 빠져나가는 h의 소리가 합쳐져서 /쉬/ 소리가 납니다. 그래서 원어민들이 '조용히 해'라는 의성어로도 우리와 마찬가지로 '쉬', 'Shhh!'라고 표현합니다.

shell = sh /쉬/ + ell /엘/ = /쉬에을/ = 빠르게 읽어서 /쉘/

shed = sh /쉬/ + ed /에드/ = /쉬에드/ = 빠르게 읽어서 /쉐ㄷ/

ship = sh /쉬/ + ip /이프/ = /쉬이프/ = 빠르게 읽어서 /쉬ㅍ/

shop = sh /쉬/ + op /아프/ = /쉬아프/ = 빠르게 읽어서 /쵸ㅍ/

fish = fi /f피/ + sh /쉬/ = /f피쉬/ = 빠르게 읽어서 /f피쉬/

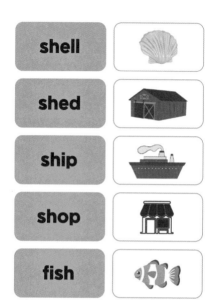

7 **새로운 소리 : 합체자음팀 th**

th의 경우에는 2가지 소리가 납니다. 두 소리 모두 '메롱'을 하듯이, 혀를 윗니와 아랫니 사이에 두고, 혀를 입속으로 쏙 집어넣으며 발음합니다. 하지만 성대를 울리냐, 울리지 않냐의 차이로 2가지로 나뉩니다. 성대를 울려서 th /드/ 소리를 내는 유성음과, 성대를 울리지 않고 바람이 새어 나가는 th /쓰/와 /뜨/의 가운데 소리를 내는 무성음이 있습니다.

유성음의 경우, 주로 e앞(father, other, mother, the)이나, 기능어(this, that, they, them, there, their, then…) 등에서 자주 쓰이므로 〈강화편〉인 사이트워드(Sight words) 파트에서 더 많이 다룰 예정입니다.

여기서는 무성음인 /쓰/와 /뜨/의 가운뎃소리가 나는 발음에 대해서 배워보겠습니다.

*/쓰(뜨)/ : 한글 표기로 할 수 없는 발음이라 이렇게 표기하도록 하겠습니다.

thin = th /쓰(뜨)/ + in /인/ = /쓰(뜨)인/ = 빠르게 읽어서 /씬(띤)/

thick = th /쓰(뜨)/ + ick /익/ = /쓰(뜨)이크/ = 빠르게 읽어서 /씨(띠)ㅋ/

thank = th /쓰(뜨)/ + ank /앤크/ = /쓰(뜨)앤크/ = 빠르게 읽어서 /쌩(땡)ㅋ/

*끝소리 -nk는 /-은크/보다는 조금 더 자연스럽게 /-응크/로 발음됩니다.

bath = ba /배/ + th /쓰(뜨)/ = /배쓰(뜨)/ = 빠르게 읽어서 /배쓰(뜨)/

8 **새로운 소리 : 합체자음팀 wh**

w의 /워/ 소리와 h의 /흐/ 소리가 만나면, w의 소리에 바람이 새는 h의 소리는 묻혀버립니다. 그래서 /워/ 소리만 내어주면 됩니다! 하지만 wh 뒤에 o가 오는 경우에는 /흐/ 소리를 내어준다는 점은 예외로 기억해 주세요! (e.g. who, whole, whom…)

whip = wh /워/ + ip /이프/ = /워이프/ = 빠르게 읽어서 /위ㅍ/

whale = wh /워/ + ale /에일/ = /워에일/ = 빠르게 읽어서 /웨일/

white = wh /워/ + ite /아이트/ = /워아이트/ = 빠르게 읽어서 /와이ㅌ/

when = wh /워/ + en /엔/ = /워엔/ = 빠르게 읽어서 /웬/

wheel = wh /워/ + eel /이을/ = /워이을/ = 빠르게 읽어서 /윌-/

*이중모음 ee는 /이-/ 소리가 나요

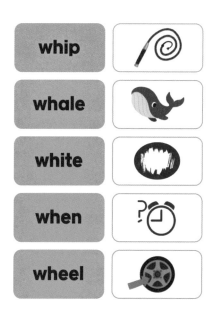

9 새로운 소리 : 합체자음팀 ng

ng는 주로 단어의 마지막에서 모음과 함께 내옵니다. n과 g가 만나면, 받침 'ㅇ'소리 /응/를 냅니다. 예를 들어, ing는 /잉/, ang는 /앵/, ung는 /엉/, ong는 /옹/ 소리가 나는 거죠!

hang = ha /해/ + ng /응/ = /해응/ = 빠르게 읽어서 /행/

sing = si /씨/ + ng /응/ = /씨응/ = 빠르게 읽어서 /씽/

king = ki /키/ + ng /응/ = /키응/ = 빠르게 읽어서 /킹/

long = lo /로/ + ng /응/ = /로응/ = 빠르게 읽어서 /롱/

*ng 앞에서 o는 /오-/ 소리가 남

spring = spri /스프뤼/ + ng /응/ = /스프뤼응/ = 빠르게 읽어서 /스프링/

hang	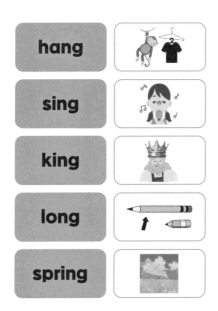
sing	
king	
long	
spring	

와일드(Wild) 올드(Old) 규칙

   다른 모음들과 달리, 단모음 i와 o 뒤에 자음이 2개가 오면 소리가 바뀌는 특징이 있습니다. 그게 무슨 말이냐고요? sand는 /샌ㄷ/, fund는 /f펀ㄷ/로 모음이 단모음 소리가 나는데, find는 /f핀ㄷ/가 아니고, /f파인ㄷ/, bond는 /반ㄷ/가 아니라 /본ㄷ/로 발음이 됩니다. 주로 -ild, -old로 끝이 나는 단어들을 떠올리면 기억하기 쉽기 때문에 **와일드 올드 규칙(Wild Old Rule)**으로 불러요. 어떻게 구분하면 좋을까요?

❶ ind나 ild가 오는 경우, 모음 i는 장모음 /아이/ 소리를 낸다.

    kind = k /크/ + ind /아인드/ = /카인드/

    find = f /f프/ + ind /아인드/ = /f파인드/

    mild = m /므/ + ild /아일드/ = /마일드/

    child = ch /츠/ + ild /아일드/ = /차일드/

❷ old, ost, olt, ong가 함께 오는 경우, 모음 o는 장모음 /오-/ 소리를
낸다.

hold = h /흐/ + old /올-드/ = /홀-드/

cold = c /크/ + old /올-드/ = /콜-드/

most = m /므/ + ost /오-스트/ = /모-스트/

host = h /흐/ + ost /오-스트/ = /호-스트/

volt = v /v브/ + olt /올-트/ = /볼-트/

jolt = j /즈/ + olt /올-트/ = /졸-트/

이중모음

ai,ay	/에이/	oo	/우/
ee	/이-/	ou	/우/, /아우/
ea	/이-/	ow	/오-/,/아우/
ie	/아이/	au,aw	/어/
oa	/오-/	ew	/우/
igh	/아이/	ue	/우/
oi,oy	/오이/		

5

기본 규칙 3.
모음 둘이 함께 : 이중모음

이제는 아이들이 가장 힘들어한다는 이중모음 파트입니다! 이전에도 언급하였듯이, 알파벳 26자 중에서 모음은 5개밖에 없기에 모음은 하나의 소리만 나는 것이 아니라서, 여러 가지 소리를 내야 하는 운명이지요. 영어는 한글만큼 정확하지 않다 보니, 안 그래도 까다로운데, 그런 모음이 둘이나 붙어 있다니…! 하지만 이중모음에도 나름의 규칙들로 나누어두었으니, 걱정하지 마세요.

이중모음(Vowel digraphs)을 2가지로 나누어볼게요.

앞에 오는 대장 모음이 자기 이름 소리(장모음)를 내는 '**대장모음팀**(Vowel team)'과, 두 모음이 합쳐서 소리를 내거나 다른 새로운 소리를 내는 '**합체모음팀**(Vowel diphthong)'로 나누어서 설명해 드리겠습니다.

비교적 쉬운 앞에 오는 모음의 이름을 말하는 '대장모음팀'을 먼저 알아보겠습니다. (쉬운 이해를 위해 제가 지은 이름입니다.)

ay와 ai는 첫 모음이 대표로 자기 이름을 말합니다. ai 중, 앞에 나오는 모음의 이름은? 바로 '에이'! 그래서 /에이/ 하고 소리를 내어주면 됩니다. 쉽죠?

둘의 차이점은 주로 단어의 중간에는 ai가 쓰이고, ay는 단어의 마지막에 오는 경향이 있습니다!

mail = m /므/ + ai /에이/ + l /을/ = /므에이을/ = 빠르게 읽어서 /메일/

rain = r /뤄/ + ai /에이/ + n /은/ = /뤄에이은/ = 빠르게 읽어서 /뤠인/

train = tr /트뤄/ + ai /에이/ + n /은/ = /트뤄에이은/ = 빠르게 읽어서 /트뤠인/

say = s /쓰/ + ay /에이/ = /쓰에이/ = 빠르게 읽어서 /쎄이/

play = pl /플르/ + ay /에이/ = /플르에이/ = 빠르게 읽어서 /플레이/

e와 e가 만나면, 앞에 오는 대장 모음의 장모음 소리인, /이-/라고 발음 해 주세요! 여기서 주의해야 할 점은 장모음 /이-/ 소리는 단모음 i의 /이/ 소리와 달리 길게 발음해 주어야 합니다.

bee = b /브/ + ee /이-/ = /브이-/ = 빠르게 읽어서 /비-/

see = s /쓰/ + ee /이-/ = /쓰이-/ = 빠르게 읽어서 /씨-/

tree = tr /트뤄/ + ee /이-/ = /트뤄이-/ = 빠르게 읽어서 /트뤼-/

meet = m /므/ + ee /이-/ + t /트/ = /므이-트/ = 빠르게 읽어서 /미-ㅌ/

feet = f /f프/ + ee /이-/ + t /트/ = /f프이-트/ = 빠르게 읽어서 /f피-ㅌ/

　e와 a가 만나면 앞에 있는 대장 모음인 e의 이름 소리, /이-/가 가장 빈도적으로 많이 납니다. 하지만, 두 번째로 높은 빈도로 단모음 e의 /에/ 소리가 나기도 합니다. 주로 -ead로 끝나는 경우에, /에ㄷ/ 소리가 나곤 합니다. (e.g. read(과거형), bread, thread…) 그리고 몇 가지 없는 단어이기도 하지만 ea가 /에이/ 소리를 낼 때도 있어요 (e.g. break, great…) 이런 점들은 참고만 하시되, 가장 높은 빈도의 /이-/ 소리로 기억해 주세요.

sea = s /쓰/ + ea /이-/ = /쓰이-/ = 빠르게 읽어서 /씨-/

tea = t /쓰/ + ea /이-/ = /트이-/ = 빠르게 읽어서 /티-/

meat = m /므/ + ea /이-/ + t /트/ = /므이-트/ = 빠르게 읽어서 /미-ㅌ/

beach = b /브/ + ea /이-/ + ch /취/ = /브이-취/ = 빠르게 읽어서 /비-취/

read = r /뤄/ + ea /이-/ + d /드/ = /뤄이-드/ = 빠르게 읽어서 /뤼-ㄷ/

i와 e가 함께 만나면, 앞에 있는 대장 모음의 이름 소리인, /아이/라고 발음하면 됩니다. ie가 들어가는 단어는 주로 명사 fly(파리) 같은 단어의 복수형에서 y를 제외하고 −ies를 붙여 flies라고 표현할 때도 볼 수 있으며, 동사 cry 같은 단어가 3인칭 단수가 주어인 경우, 현재형에서 y를 제외하고 −ies를 쓰거나, 과거형에서 y를 제외하고 −ied를 쓸 때도 볼 수 있습니다.

pie = p /프/ + ie /아이/ = /프아이/ = 빠르게 읽어서 /파이/

tie = t /트/ + ie /아이/ = /트아이/ = 빠르게 읽어서 /타이/

lie = l /르/ + ie /아이/ = /르아이/ = 빠르게 읽어서 /라이/

die = d /드/ + ie /아이/ = /드아이/ = 빠르게 읽어서 /다이/

flies = fl /f플르/ + ie /아이/ + s /z즈/ = /f플르아이z즈/

= 빠르게 읽어서 /f플라이z즈/

*s가 마지막에 오거나, 모음 사이에 쌓인 경우에 부드럽게 /z즈/ 소리를 내는 경향이 있어요.

| pie |
| tie |
| lie |
| die |
| flies |

o와 a가 함께 오면, 앞에 있는 대장 모음이 대표로 자기 이름을 말합니다. o의 이름은 /오-/이기 때문에, oa가 함께 오면 /오-/로 기억해 주세요.

boat = b /브/ + oa /오-/ + t /트/ = /브오-트/ = 빠르게 읽어서 /보-ㅌ/

coat = c /크/ + oa /오-/ + t /트/ = /크오-트/ = 빠르게 읽어서 /코-ㅌ/

goat = g /그/ + oa /오-/ + t /트/ = /그오-트/ = 빠르게 읽어서 /고-ㅌ/

road = r /뤄/ + oa /오-/ + d /드/ = /뤄오-드/ = 빠르게 읽어서 /r로-ㄷ/

soap = s /쓰/ + oa /오-/ + p /프/ = /쓰오-프/ = 빠르게 읽어서 /쏘-ㅍ/

igh가 들어가는 단어가 꽤 많이 보여요. igh가 함께 나오면, 뒤에 나오는 두 자음 gh는 무시하고, 앞에 나오는 대장의 이름 소리를 냅니다. 여기서 gh는 묵음으로 봐주시고, i의 장모음 소리를 내주어 /아이/라고 발음해주면 됩니다. gh에 대해서는 부록에서 조금 더 다뤄보도록 할게요!

high = h /흐/ + igh /아이/ = /흐아이/ = 빠르게 읽어서 /하이/

night = n /느/ + igh /아이/ + t /트/ = /느아이트/ = 빠르게 읽어서 /나이트/

light = l /르/ + igh /아이/ + t /트/ = /르아이트/ = 빠르게 읽어서 /라이트/

right = r /뤄/ + igh /아이/ + t /트/ = /뤄아이트/ = 빠르게 읽어서 /롸이트/

flight = fl /f플르/ + igh /아이/ + t /트/ = /f플르아이트/

= 빠르게 읽어서 /f플라이트/ ㅋ

high	
night	
light	
right	
flight	

합체모음팀은 두 모음이 만나서 하나의 새로운 소리를 냅니다. oi와 oy
는 /오이/ 소리가 납니다. 두 모음이 모두 소리를 내어주었다고 생각하면
쉬워요. 주로 oi는 단어의 가운데에 쓰이고, oy는 단어의 마지막에 오는
경향이 있지요.

oil = oi /오이/ + l/을/ = /오이을/ = 빠르게 읽어서 /오일/

join = j /즈/ + oi /오이/ + n /은/ = /즈오이은/ = 빠르게 읽어서 /조인/

coin = c /크/ + oi /오이/ + n /은/ = /크오이은/ = 빠르게 읽어서 /코인/

toy = t /트/ + oy /오이/ = /트오이/ = 빠르게 읽어서 /토이/

boy = b /브/ + oy /오이/ = /브오이/ = 빠르게 읽어서 /보이/

o 2개가 합체하면, /우-/ 소리가 납니다. 여기서 주의해야 할 점이 하나 있는데, oo 뒤에 d, t, k 같은 강한 소리(Stop sounds : 공기가 터지듯이 발음되는 특징)의 앞에서는 소리가 짧은 /우/('으'에 가까운)라고 발음해 주세요.

pool = p /프/ + oo /우-/ + l /을/ = /프우-을/ = 빠르게 읽어서 /풀-/

moon = m /므/ + oo /우-/ + n /은/ = /므우-은/ = 빠르게 읽어서 /문-/

good = g /그/ + oo /우/ + d /드/ = /그우드/ = 빠르게 읽어서 /굳/

foot = f /f프/ + oo /우/ + t /트/ = /f프우트/ = 빠르게 읽어서 /f푸ㅌ/

cook = c /크/ + oo /우/ + k /크/ = /크우크/ = 빠르게 읽어서 /쿡/

pool	
moon	
good	
foot	
cook	

⑨ 합체모음팀 : ou

ou는 2가지 소리가 납니다. 하나는 /우-/, 다른 하나는 /아우/입니다. 빈도적으로는 /아우/ 소리가 조금 더 많이 나기도 하지만, 이 2가지 소리 모두 자주 쓰이니, 둘 다 기억해 주세요! 이런 경우에 따로 규칙이 없기 때문에 2가지 소리 모두 기억하시고, 단어에 따라서 구분하여 발음해 주세요. ou는 주로 단어의 중간에 쓰입니다.

soup = s /쓰/ + ou /우/ + p /프/ = /쓰우프/ = 빠르게 읽어서 /쑵/

group = gr /그뤄/ + ou /우/ + p /프/ = /그뤄우프/ = 빠르게 읽어서 /그루r프/

wound = w /워/ + ou /우/ + nd /은드/ = /워우은드/ = 빠르게 읽어서 /w운드/

sound = s /쓰/ + ou /아우/ + nd /은드/ = /쓰아우은드/

= 빠르게 읽어서 /싸운드/

house = h /흐/ + ou /아우/ + se /쓰/ = /흐아우쓰/ = 빠르게 읽어서 /하우쓰/

*조용한 e : 이중모음 마지막에 오는 e는 자신이 다른 역할을 하지 않더라도, 묵음인 경우가 많아요. 완성편 참고

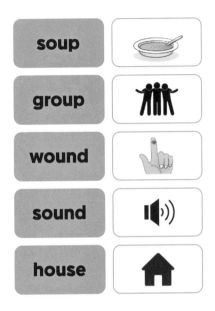

w는 자음으로 분류되지만, 모음과 함께 쓰여 이중모음처럼 쓰여서 반모음이라고도 합니다. o와 w가 만나면 2가지 소리가 납니다. 파닉스를 알려줄 때, 가능한 빈도가 높은 발음으로 가르쳐주지만, ow의 경우에는 2가지의 발음이 비슷하게 많이 나오기에 이런 경우에는 단어에 따라 /오-/, /아우/ 2가지 소리 모두 기억해 주세요. 주로 이중 자음으로 시작하는 경우에, /오-/ 소리가 나는 경향이 있으며, -n으로 끝이 나는 경우에 /아우/ 소리가 나는 경향이 있습니다.

snow = sn /스느/ + ow /오-/ = /스느오-/ = 빠르게 읽어서 /스노-/

blow = bl /블르/ + ow /오-/ = /블르오-/ = 빠르게 읽어서 /블로-/

tow = t /트/ + ow /오-/ = /트오-/ = 빠르게 읽어서 /토-/

cow = c /크/ + ow /아우/ = /크아우/ = 빠르게 읽어서 /카우/

clown = cl /클르/ + ow /아우/ + n /은/ = /클르아우은/

= 빠르게 읽어서 /클라운/

au와 aw는 같은 소리입니다! 발음을 한글로 표기하기 어렵지만 최대 비슷하게 표기를 하면, /어-/인데, 입을 /오/ 하듯이, 살짝 모으고 소리를 내는 발음입니다. 우리 발음에 없는 모음 발음이라서, 여러 번 연습해 주세요. au는 단어의 중간에서 쓰이고, aw는 주로 단어의 끝에서 쓰이는 경향이 있습니다.

author = au /어-/ + thor/썰(떨)/ = /어-썰(떨)/ = 빠르게 읽어서 /어-썰(떨)/

laundry = l /르/ + au /어-/ + n /은/ + dry /드뤼/ = /르어-은드뤼/

= 빠르게 읽어서 /런-드뤼/

law = l /르/ + aw /어-/ = /르어-/ = 빠르게 읽어서 /러-/

paw = p /프/ + aw /어-/ = /프어-/ = 빠르게 읽어서 /퍼-/

claw = cl /클르/ + aw /어-/ = /클르어-/ = 빠르게 읽어서 /클러-/

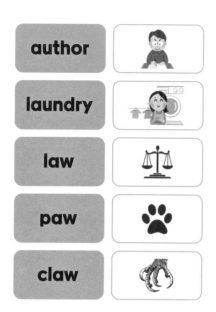

author	
laundry	
law	
paw	
claw	

⑫ 합체모음팀 : ew

e와 w가 만나면 /우-/ 소리를 내어요. 하지만 앞에 자음에 따라서 입술 소리(므, 브, 프)를 내는 경우, 더 자연스러운 발음인 /유-/ 소리가 나기도 합니다. 예를 들어, f의 경우 입술 사이로 소리가 빠지는 발음이기에 ew와 만나면 발음상 /f퓨/보다는 자연스럽게 few /f퓨-/ 소리를 내게 됩니다. 그리고 영국식 영어에서 t, d, n, s 뒤에 ew가 오면 /유-/ 소리를 내는 경향이 있습니다. 예를 들어, new라는 단어를 미국에서는 /누-/, 영국에서는 /뉴-/라고 발음하는 것이죠. 2가지 모두 옳은 발음이니, 발음하기 편하게 선택하셔도 무관하니, 참고만 해주세요.

new = n /느/ + ew /우-/ = /느우/ = 빠르게 읽어서 /누/

dew = d /드/ + ew /우-/ = /드우/ = 빠르게 읽어서 /두/

crew = cr /크뤄/ + ew /우-/ = /크r뤄우/ = 빠르게 읽어서 /크r루/

flew = fl /f플르/ + ew /우-/ = /f플르우/ = 빠르게 읽어서 /f플루/

chew = ch /츠/ + ew /우-/ = /츠우/ = 빠르게 읽어서 /추/

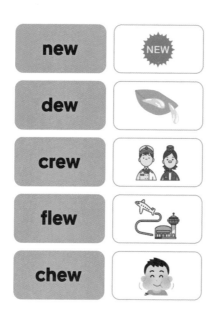

u와 e가 만나면 /우-/ 소리가 납니다. 하지만 여기서도 ew와 마찬가지로, 입술에서 내는 소리(b, p, m, f)를 내거나, t, d, n, s 가 ue 앞에 나오면(영국), /유-/ 소리를 내기도 한다는 점은 참고해 주세요.

sue = s /쓰/ + ue /우-/ = /쓰우-/ = 빠르게 읽어서 /쑤-/

blue = bl /블르/ + ue /우-/ = /블르우-/ = 빠르게 읽어서 /블루-/

glue = gl /글르/ + ue /우-/ = /글르우-/ = 빠르게 읽어서 /글루-/

clue = cl /클루/ + ue /우-/ = /클르우-/ = 빠르게 읽어서 /클루-/

true = tr /트뤄/ + ue /우-/ = /트뤄우-/ = 빠르게 읽어서 /트r루-/

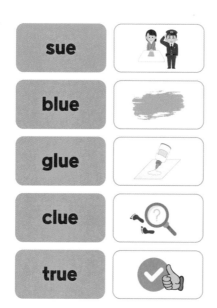

sue

blue

glue

clue

true

위치에 따라 달라지는
gh 소리 정리

gh가 들어가는 단어들은 중세 영어와 고대 독일어의 영향을 받았다고 해요. 예전에는 소리를 내어주었다가, 역사적으로 변하며 현재는 묵음 (/-/)이 되는 경우가 많고, 몇몇의 단어에서는 /그/ 또는 /f프/ 소리를 내기도 합니다. gh는 어디에 위치냐에 따라서 소리가 나닙니다.

❶ gh가 단어의 맨 앞에 나올 때, h는 묵음으로 g의 /그/ 소리를 내어주세요.

Ghana = Gh /그/ + ana /아나/ = /가나/

ghost = gh /그/ + ost /오스트/ = /고-스트/

ghastly = gh /그/ + astly /애스틀리/ = /개스틀리/

❷ 단어 중간에서 igh와 올 때, gh는 묵음, i는 장모음 /아이/ 소리를 냅니다.

might = mi /마이/ + gh /-/ + t /트/ = /마이트/

right = ri /롸이/ + gh /-/ + t /트/ = /라이트/

tight = ti /타이/ + gh /-/ + t /트/ = /타이트/

eight = ei /에이/ + gh /-/ + t /트/ = /에이트/

night = ni /나이/ + gh /ㅡ/ + t /트/ = /나이ㅌ/

❸ 단어의 끝에 있는 gh는 2가지 경우로, /fㅍ/ 소리가 나거나, 묵음이 됩니다.

-gh가 /fㅍ/ 소리가 나는 경우 : 주로 앞에 u가 함께 나옴

cough = co /코ㅡ/ + ugh /fㅍ/ = /코/오ㅍf/

enough = eno /이나/ + ugh /fㅍ/ = /이너ㅍf/

laugh = la /래/ + ugh /fㅍ/ = /래ㅍf/

tough = to /터/ + ugh /fㅍ/ = /터ㅍf/

-gh가 '묵음'인 경우

though = thou /도ㅡ/ + gh /ㅡ/ = /도ㅡ/

thigh = thi /따(싸)이/ + gh /ㅡ/ = /따(싸)이/

high = hi /하이/ + gh /ㅡ/ = /하이/

weigh = wei /웨이/ + gh /ㅡ/ = /웨이/

Bossy R

ar /알r/

er /얼r/

ir /얼r/

or /올r/

ur /얼r/

bossy R

6

기본 규칙 4.
모음은 R이 제어한다 : Bossy R!

5가지 모음 뒤에 r이 오면, r이 모음들의 소리를 모두 바꿔 버린대요. 그래서 Bossy R(bossy: 우두머리 행세를 하는)이라는 별명이 있지요. (R controlled Vowels라고도 불러요.) 그래도 너무 걱정하지 않아도 돼요. 왜냐하면 er, ir, ur은 모두 같은 소리니까요! *영국식 영어에서는 r의 소리를 잘 발음하지 않는다는 것도 함께 기억해 주세요.

1 ar

모음 a 뒤에 r이 오면 r의 이름인 /알r/ 소리가 난대요. r 발음을 할 때에, 혀를 입천장과 목구멍 쪽으로 뒤로 당기면서 소리를 내어주세요.

car = c /크/ + ar /알r/ = /크알r/ = 빠르게 읽어서 /칼r/

bar = b /브/ + ar /알r/ = /브알r/ = 빠르게 읽어서 /발r/

jar = j /즈/ + ar /알r/ = /즈알r/ = 빠르게 읽어서 /잘r/

star = st /스트/ + ar /알r/ = /스트알r/ = 빠르게 읽어서 /스탈r/

card = c /크/ + ar /알r/ + d /드/ = /크알r드/ = 빠르게 읽어서 /칼rㄷ/

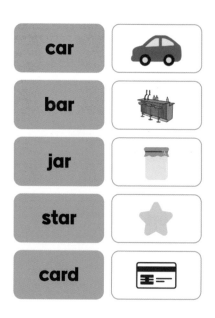

o와 r이 만나면, or /올r/ 소리를 내어주세요. 마찬가지로 r발음에서 혀를 입천장과 목구멍 쪽으로 당기는 느낌으로 소리를 내어줍니다.

corn = c /크/ + or /올r/ + n /은/ = /크올r은/ = 빠르게 읽어서 /콘r/

born = b /브/ + or /올r/ + n /은/ = /브올r은/ = 빠르게 읽어서 /본r/

horn = h /흐/ + or /올r/ + n /은/ = /흐올r은/ = 빠르게 읽어서 /혼r/

fork = f /f프/ + or /올r/ + k /크/ = /f프올r크/ = 빠르게 읽어서 /f폴rㅋ/

short = sh /쉬/ + or /올r/ + t /트/ = /쉬올r트/ = 빠르게 읽어서 /숄rㅌ/

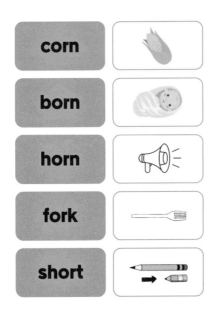

corn

born

horn

fork

short

고맙게도(?) er, ir, ur 모두 같은 소리가 납니다. 바로 /얼r/ 소리입니다. er의 경우에는 명사 뒤에 접미사로 사람을 나타내는 경우에도 많이 쓰이고(teacher, singer, player 등), 비교급에서 more과 같이 '더~ 한'이라는 의미로 사용되기도 합니다.

her = h /흐/ + er /얼r/ = /흐얼r/ = 빠르게 읽어서 /헐r/

over = ov /오v브/ + er /얼r/ = /오브v얼r/ = 빠르게 읽어서 /오v벌r/

sister = sist /씨스트/ + er /얼r/ = /씨스트얼r/ = 빠르게 읽어서 /씨스틸r/

soccer = socc /싸크/ + er /얼r/ = /싸크얼r/ = 빠르게 읽어서 /싸컬r/

river = riv /뤼v브/ + er /얼r/ = /뤼v브얼r/ = 빠르게 읽어서 /뤼v벌r/

her

over

sister

soccer

river

ir도 er처럼 /얼r/ 소리가 납니다. 단어의 마지막에 자주 등장하는 er과 달리 ir은 주로 단어의 중간에서 쓰입니다.

girl = g /그/ + ir /얼r/ + l /르/ = /그얼r르/ = 빠르게 읽어서 /걸r/

stir = st /스트/ + ir /얼r/ = /스트얼r/ = 빠르게 읽어서 /스털r/

dirt = d /드/ + ir /얼r/ + t /트/ = /드얼r트/ = 빠르게 읽어서 /덜rㅌ/

shirt = sh /쉬/ + ir /얼r/ + t /트/ = /쉬얼r트/ = 빠르게 읽어서 /셜rㅌ/

bird = b /브/ + ir /얼r/ + d /드/ = /브얼r드/ = 빠르게 읽어서 /벌rㄷ/

5 ur

ur도 er, ir처럼 /얼r/ 소리가 납니다. ur도 ir처럼 단어의 중간에 자주 쓰입니다.

fur = f /f프/ + ur /얼r/ = /f프얼r/ = 빠르게 읽어서 /f펄r/

turn = t /트/ + ur /얼r/ + n /은/ = /트얼r은/ = 빠르게 읽어서 /턴r/

hurt = h /흐/ + ur /얼r/ + t /트/ = /흐얼r트/ = 빠르게 읽어서 /헐rㅌ/

burn = b /브/ + ur /얼r/ + n /은/ = /브얼r은/ = 빠르게 읽어서 /번r/

surf = s /쓰/ + ur /얼r/ + f /f프/ = /쓰얼rf프/ = 빠르게 읽어서 /썰rf프/

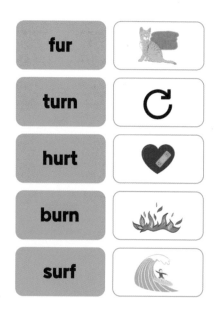

150 진짜 쉬운 파닉스는 이렇게 배웁니다

2단계 완성편

어디서도
알려주지 않는
결정적인 한끗

①

완성 규칙 1.
소리가 안 나는 묵음 짝지들

완성편에서는 보통 학원에서나 교재에서 볼 수 없지만, 영미권에서는 필수로 가르치는 파닉스 규칙들을 모아두었습니다. 이러한 규칙들은 빈도 적으로 높은 단어들에서 있는 건 아니지만, 알아두면 훨씬 더 정확하게 읽고 쓸 수 있어서 영어에 자신감이 생길 거예요. 이제부터 의외로 어른들도 모르는 재미있는 파닉스 완성 규칙들을 배워보겠습니다.

먼저 묵음들에 대해서 다루어 보았어요. 묵음 규칙들은 대부분 아주 오래전에는 발음하였다고 합니다. 하지만 시간이 지나며 까다롭고 어려운 발음들은 간소화되어 지금은 사라졌다고 합니다. 여기서 중요한 것은 소리는 내지 않지만, 철자에는 여전히 남아있으니 쓰기를 할 때 빠뜨리지 않도록 잘 기억해 주세요.

k 뒤에 n이 오는 경우, k는 소리가 나지 않아요. kn은 고대영어에서는 발음하였지만, 발음하기에 까다로워서 사라졌는데 철자에는 아직 남아있 다고 해요. 그래서 kn은 k 소리는 무시하고, /느/ 소리만 내어주세요.

묵음 규칙이라는 것을 생소하게 느끼는 어린아이들에게 재미있게 알려 주기 위해서 'Kay(K)라는 남자아이가 Ann(N)을 좋아하거든. 그래서 k는 n앞에서는 부끄러워서 아무 말도 못 해.'라고 이야기를 지어주니, 아이들 이 너무 재미있어하며 kn단어들이 나올 때마다 잘 기억할 수 있었어요.

knit = kn /느/ + it /이트/ = /느이트/ = 빠르게 읽어서 /니트/

knee = kn /느/ + ee /이-/ = /느이-/ = 빠르게 읽어서 /니-/

knock = kn /느/ + ock /아크/ = /느아크/ = 빠르게 읽어서 /나ㅋ/

knite = kn /느/ + ite /아이트/ = /느아이트/ = 빠르게 읽어서 /나이트/

know = kn /느/ + ow /오-/ = /느오-/ = 빠르게 읽어서 /노-/

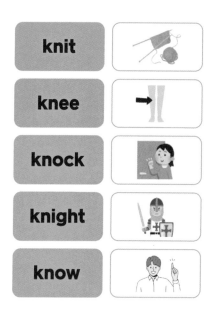

knit

knee

knock

knight

know

g가 n의 앞에 오면, g는 소리가 나지 않아요. 이 또한 kn과 마찬가지로 아주 오래전에는 발음을 하였지만, 시간이 지나며 발음은 사라지고, 철자에만 남아있다고 해요. gn의 소리는 /그느/가 아니고 /느/만 발음해 주세요.

실제로 gn이 들어가는 단어는 많지 않으니 여기에 나와 있는 예시 단어 정도만 읽어보아도 충분할 거라 생각해요.

gnaw = gn /느/ + aw /어/ = /느어/ = 빠르게 읽어서 /너-/

gnat = gn /느/ + at /애트/ = /느애트/ = 빠르게 읽어서 /내트/

gnome = gn /느/ + ome /옴/ = /느옴/ = 빠르게 읽어서 /놈/

sign = si /싸이/ + gn /은/ = /쓰아이은/ = 빠르게 읽어서 /싸인/

*ign에서 gn이 묵음이므로, i는 장모음 소리가 난다(Open syllable).

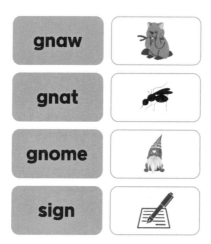

gnaw	
gnat	
gnome	
sign	

w의 소리는 /워/, r의 소리는 /뤄/입니다. 둘이 소리가 비슷하지요? 그래서 wr이 같이 오면, /워/ 소리는 /뤄/ 소리에 묻히게 됩니다. wr는 /뤄/라고 소리를 내어주세요.

wrap = wr/뤄/ + ap /애프/ = /뤄애프/ = 빠르게 읽어서 /뤠ㅍ/

write = wr /뤄/ + ite /아이트/ = /뤄아이트/ = 빠르게 읽어서 /롸이ㅌ/

wrist = wr /뤄/ + ist /이스트/ = /뤄이스트/ = 빠르게 읽어서 /뤼스ㅌ/

wrong = wr /뤄/ + ong /옹/ = /뤄옹/ = 빠르게 읽어서 /뤙/

　mb가 함께 나오면 b는 소리를 내지 않아요. mb 단어는 중세 영어에서 유래했으며, 원래 발음은 두 음절로 발음되었대요. 그러나 시간이 지나면서 발음이 점차 간소화되었고, b 발음은 사라졌습니다. 그래서 mb는 m의 소리인 /음(므)/ 소리만 내주면 됩니다.

bomb = bo /바/ + mb /음/ = /바음/ = 빠르게 읽어서 /밤/

lamb = la /애/ + mb /음/ = /래음/ = 빠르게 읽어서 /램/

thumb = thu /떠(써)/ + mb /음/ = /떠(써)음/ = 빠르게 읽어서 /떰(썸)/

crumb = cru /크뤄/ + mb /음/ = /크뤄음/ =빠르게 읽어서 /크뤔/

climb = cli /클라이/ + mb /음/ = /클르아이음/ =빠르게 읽어서 /클라임/

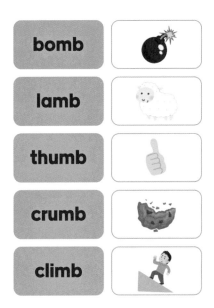

bomb	
lamb	
thumb	
crumb	
climb	

h와 o가 단어의 앞에 오면 보통 h 소리는 묵음인 경우가 많아요. 라틴어에서 유래되었다 하는 이러한 발음들은 원래는 명확하게 발음되었다고 해요. 그러나 중세 영어로 전해지면서 발음 변화가 생겼으며, 지금은 사라진 발음들입니다. 그리스어에서 유래된 ch인 경우에도 h는 묵음이고, c의 /크/ 소리만 납니다.

honest = h /−/ + onest /아니스트/ = /아니스트/ = 빠르게 읽어서 /아니스ㅌ/

hour = h /−/ + our /아우얼r/ = /아우얼/ = 빠르게 읽어서 /아월/

echo = ec /에크/ + h /−/ + o /오/ = /에크오/ = 빠르게 읽어서 /에코/

school = sc /쓰크/ + h /−/ + ool /울/ = /스크울/ = 빠르게 읽어서 /스쿨/

chorus = c /크/ + h /−/ + orus /오뤄스/ = /크오뤄스/ = 빠르게 읽어서 /코뤄ㅅ/

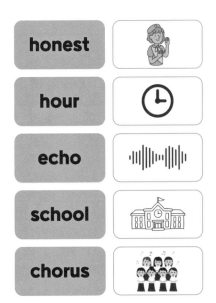

honest

hour

echo

school

chorus

2

완성 규칙 2.
뒤가 열린 모음, 닫힌 모음

조금 더 완성된 읽기를 하기 위해서 음절(Syllable)에 대해서 알아보겠습니다.

우리 한글은 한 글자가 한 음절입니다. 쉽게 말해서 '눈'은 1음절, '나무'는 2음절, '눈사람'은 3음절로 음절의 구분이 아주 정확해서, 배우고 이해하기 쉬운 훌륭한 글자입니다.

하지만 영어는 하나의 음절을 구분하기 위해서는 '모음'을 잘 살펴야 합니다. 보통 1음절은 'cat, let, hot'과 같은 단어에 모음이 하나로 이루어져 있는 단어들을 말합니다. 여기에서 주의해야 할 점은 아무리 앞뒤에 자음이 많이 붙는 단어라고 해도 모음이 1개이면, 1음절이라는 점입니다. 예를 들어 'dress'라는 단어는 '드레스'니까 3음절이라고 생각할 수도 있지만, 모음의 개수는 1개이기 때문에 1음절 단어입니다. 그리고 이중모음 또한 하나의 모음으로 간주하기 때문에 'street'라는 단어도 1음절 단어입니다. '스트리트' 4음절로 말하지 않도록 주의합시다.

이렇게 음절에 대해서 말씀드린 이유는 지금 다룰 열린 음절(open syllable), 닫힌 음절(Closed syllable)에 대해서 설명을 드리기 위해서입니다.

열린 음절이란, 'she, me, go, hi'처럼 한 음절 속 단모음 뒤에 막는 자음이 없는 경우를 말합니다. 조금 더 직관적으로 이해하기 위해 '음절'이라는 표현 대신, '열린 모음'으로 표현하겠습니다.

닫힌 음절이란, 'cat, man, sip'처럼 모음 뒤가 자음으로 막혀있는 음절을 말합니다. 조금 더 이해가 편하게 '닫힌 모음'이라고 표현할게요.

뒤가 열린 모음

1 뒤가 열린 모음

    모음의 뒤에 막는 자음이 없이 열려있는 경우, 모음은 자유롭게 자신의 장모음 소리(이름 소리)를 냅니다. 예를 들면, he, we, so, she, hi 등이 있습니다. 이런 경우에서 모음은 자기 이름 소리, 즉 장모음 소리를 내게 됩니다.

he = h /흐/ + e /이–/ = /흐이–/ = 빠르게 읽어서 /히–/

we = w /워/ + e /이–/ = /워이–/ = 빠르게 읽어서 /위–/

go = g /그/ + o /오–/ = /그오–/ = 빠르게 읽어서 /고–/

hi = h /흐/ + i /아이/ = /흐아이/ = 빠르게 읽어서 /하이/

2 뒤가 닫힌 모음

　닫힌 모음은 단모음 뒤에 자음이 있어서 소리를 막아주는 경우로, 간단하게 생각하여 단모음 단어들을 떠올리면 됩니다. cat, bet, sit 등이 이런 단어들은 모음 뒤에 바로 자음이 와서 소리를 막아요. 이때 모음은 단모음 (음가) 소리를 내게 됩니다.

hen = h /흐/ + e /에/ + n /은/ = /흐에은/ = 빠르게 읽어서 /헨/

wet = w /워/ + e /에/ + t /트/ = /워에트/ = 빠르게 읽어서 /웨트/

got = g /그/ + o /아/ + t /트/ = /그아트/ = 빠르게 읽어서 /가트/

him = h /흐/ + i /이/ + m /음/ = /흐이음/ = 빠르게 읽어서 /힘/

3

완성 규칙 3.
긴 단어, 음절을 나누면 쉽지!

앞서 음절에 대해서 배워보았습니다. 그럼 음절이 여러 개로 이루어진 긴 단어는 어떻게 읽고 쓸까요? 긴 단어들은 모음 단위로 음절을 먼저 끊는 연습을 해주세요. 이 연습이 쉬워지면 아무리 긴 단어라도 쉽게 읽고, 쓸 수 있으며 단어 암기에도 큰 도움이 됩니다.

예를 들어서 'remember'은 긴 단어처럼 보입니다. 음절을 모음을 기준으로 나누어보면, re + mem + ber 이렇게 3음절로 나눌 수 있습니다. 첫 음절이 바로 열린 모음으로 re /뤼/라고 읽어집니다! 두 번째 음절인 mem은 닫힌 모음으로 /멤/ 소리가 나지요. 마지막 음절은 Bossy R이 있네요. er은 /얼/ 소리니, ber /벌/이라고 발음하죠. 그래서 이 3음절을 합쳐서 /뤼멤벌r/로 발음해 주시면 됩니다. 그럼 여러 개의 음절로 구성된 긴 단어도 연습을 해보겠습니다.

음절을 정확하게 나누는 기준은 발음과 강세에 따라 다르기 때문에 정

확한 음절은 howmanysyllables.com을 참고하면 정확한 음절을 나누는
데 도움이 됩니다.

How Many Syllables

Search Dictionary   Q

[**Learn a New Word**]

Syllable Rules | Syllable Quiz

Trending Words

how many syllables

howmanysyllables.com

다음은 음절이 2개로 이루어진 단어들입니다. 모음 수를 보고 음절을 나눈 후, 열린 모음인지, 닫힌 모음인지 판단하고, 파닉스 규칙들을 살펴 읽어주세요.

baby = ba /베이/ + by /비/ = /베이비/

sunny = sun /써ㄴ/ + ny /니/ = /써니/

rabbit = rab /뤠ㅂ/ + bit /빝/ = /뤠빝/

butter = but /버ㅌ/ + ter /털r/ = /버털r/

tiger = ti /타이/ + ger /걸r/ = /타이걸r/

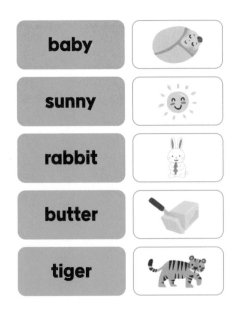

baby

sunny

rabbit

butter

tiger

다음은 3음절로 된 단어들입니다. 먼저 모음의 수에 따라서 음절을 나누어 보세요. 그 후 열린 모음인지, 닫힌 모음인지 파악하고, 파닉스 규칙들을 살펴 읽어주세요.

coconut = co /코/ + co /코/ + nut /넡/ = /코코넡/

tomato = to /토/ + ma /메이/ + to /토/ = /토메이토/

energy = en /에ㄴ/ + er /얼r/ + gy /쥐/ = /에너r쥐/

pineapple = pine /파인/ + ap /에ㅍ/ + ple /플/ = /파인애플/

astronaut = as /에스/ + tro /트로/ + naut /넡/ = /에스트로넡/

coconut
tomato
energy
pineapple
astronaut

4

완성 규칙 4.
'쥐'로 끝나면 -ge를 쓸까? -dge를 쓸까?

단어의 마지막에서 /쥐/ 소리를 내는 ge를 기억하시나요? g는 뒤에 e, i, y가 오면 음가 소리가 아닌 자신의 이름 소리인 /즈/, 마지막에선 짧게 /쥐/ 소리가 납니다.

① cage /케이쥐/
② bridge /브뤼쥐/

가만히 보니, 발음은 둘 다 /쥐/로 같은데, 언제 -ge를, 언제 -dge를 쓰나요?

②처럼 i가 단모음으로 발음되어야 하는 단어에서는 -dge를 써줍니다. 여기서 d를 꼭 쓰는 이유는 매직 e의 영향을 받아 모음의 소리를 변화시키는 것을 막기 위함입니다. 매직 e 규칙 기억나시죠? 예를 들어, bridge 대신 brige를 쓰게 되면, 읽을 때 /브롸이쥐/라고 읽히기 때문이죠.

age = a /에이/ + ge /쥐/ = /에이쥐/

cage = ca /케이/ + ge /쥐/ = /케이쥐/

page = pa /페이/ + ge /쥐/ =/페이쥐/

large = lar /랄r/+ ge /쥐/ =/랄r쥐/

charge = char /찰r/ + ge /쥐/ =/찰r쥐/

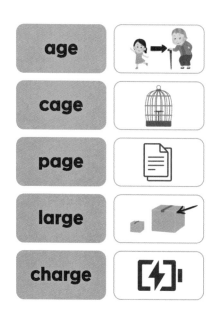

 단모음 소리가 나는 단어의 스펠링을 쓸 때에 꼭 기억해 주세요. 예를 들어, /배쥐/를 쓰고 싶은데, ba다음에 ge를 쓰게 되면, 매직 e의 영향을 받아서, 단모음이 장모음으로 변하게 되어요. bage /베이쥐/⋯. 그래서 /배쥐/라고 단모음을 쓰기 위해서 중간에 d를 넣음으로써 매직 e의 역할을 막는다고 기억해 주세요.

badge = ba /배/ + dge /쥐/ = /배쥐/

edge = e /에/ + dge /쥐/ = /에쥐/

bridge = bri /브뤼/ + dge /쥐/ = /브뤼쥐/

fridge = fri /f프뤼/ + dge /쥐/ = /프뤼쥐/

judge = ju /저/ + dge /쥐/ = /저쥐/

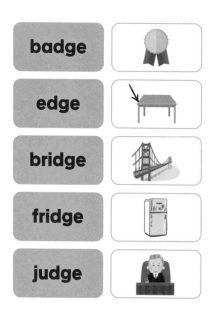

완성 규칙 5.
'취'로 끝나면 -ch를 쓸까? -tch를 쓸까?

ge, dge와 비슷하게, 단어의 마지막에서 /취/ 소리가 나는 ch도 앞에 오는 글자가 단모음인지 아닌지에 따라서 -tch를 쓰기도 하고, -ch를 쓰기도 합니다. 어떨 때 -ch이고, 어떨 때 -tch인지 한번 보실까요?

① lunch /런취/
② catch /캐취/

눈치채셨나요? ②처럼 단모음 뒤에는 ch가 바로 붙지 않고, 꼭 -tch를 써주어야 합니다. 단모음을 꽉 막아주어야 하는데, ch는 소리가 약하기 때문에 t를 함께 쓴다고 기억해 주세요.

cach 뭔가 /캐크/로 읽어질 것 같이, 소리가 약해보이지 않나요? 그래서 catch라고 써줍니다. 여기서 주의해야 할 점은, t소리는 ch소리에 포함되어 따로 내지 않습니다. /캐트취/라고 발음하지 않도록 합시다.

그리고, 파닉스에서는 규칙이 있으면, 늘 예외도 있는 법, rich, much, such, which에서는 예외라는 점 기억해 주세요.

① -ch : 장모음 또는 자음 뒤에 쓰임

beach = bea /비/ + ch /취/ = /비-취/

lunch = lun /런/ + ch /취/ = /런취/

peach = pea /피/ + ch /취/ = /피-취/

couch = cou /카우/ + ch /취/ = /카우취/

pinch = pin /핀/ + ch /취/ = /핀취/

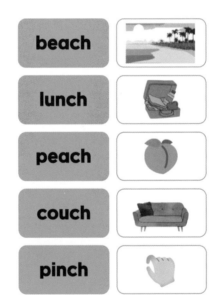

beach

lunch

peach

couch

pinch

catch = ca /캐/ + tch /취/ = /캐취/

match = ma /매/ + tch /취/ = /매취/

pitch = pi /피/ + tch /취/ = /피취/

switch = swi /스위/ + tch /취/ = /스위취/

stitch = sti /스티/ + tch /취/ = /스티취/

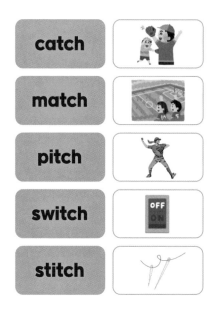

완성 규칙 6.
매직 e? 아니, 조용한 e

'마지막에 오는 e는 모두 매직 e 아닌가요?'라고 생각하시는 분들이 많으세요.

하지만 e가 역할도 소리도 내지 않고 사용되는 경우도 있습니다. 바로 조용한 e(silent e)입니다.

① apple, table, little

② have, live(동사), give

①처럼 −le로 끝나는 단어들을 많이 보셨죠? 여기서 마지막 e는 소리를 내지 않는 조용한(silent) e입니다. '그럼 e를 빼도 되지 않나요?'라고 물으시겠지만, e를 쓰는 이유는, 음절을 표현하기 위해서입니다. 한 음절을 이루기 위해서는 반드시 모음이 필요한데, 제일 만만한(?) 조용한 e를 여기에 쓴 거예요.

②에서 have는 /헤이vㅂ/라고 읽지 않고 왜 /해vㅂ/라고 읽을까요?

여기도 조용한 e(silent e)가 쓰인 곳입니다. 영어 단어에서 마지막에 절대로 쓰이지 않는 알파벳이 있는데 그것이 바로 'v'입니다. 승리의 v는 '나는 절대로 꼴찌는 하지 않을 거야.'라며 가장 만만한 e를 뒤에 붙이게 됩니다.

이 외에도 house, cheese, purse 등에서 e가 없으면 복수로 오해할 할 수 있기 때문에 마지막에 e가 쓰이기도 합니다.

-le에서 e는 조용한 e

　le를 함께 묶어 /을/ 소리를 내어주세요. 주로 끝소리가 −gle /글/, −tle/틀/, −ble/블/, −ple /플/로 끝나는 단어들이 있습니다.

little = lit /리ㅌ/ + tle /을/ = /리틀/

jungle = jun /전/ + gle /글/ = /정글/

table = ta /테이/ + ble /블/ = /테이블/

people = peo /피/ + ple /플/ = /피플/

아래 나오는 단어들에서는 매직 e가 아닙니다. v가 마지막에 오기 싫어서 e와 함께 왔으며, 마지막 e는 소리를 내지 않아요.

have = ha /해/ + ve /v브/ = /해vㅂ/

live = li /리/ + ve /v브/ = /리vㅂ/

give = gi /기/ + ve /v브/ = /기vㅂ/

forgive = for /f폴r/ + gi /기/ + ve /v브/ = /f폴기vㅂ/

7

완성 규칙 7.
우리는 쌍둥이 플로스(치실)

이런 단어들 많이 보셨죠? puff, tell, cross, buzz 같은 단어들은 왜 마지막에 자음이 2개씩 쓰이는 걸까요? 아이들이 읽을 땐 잘 읽는데, 스펠링을 쓸 때 빠뜨리기 쉬운 단어들입니다.

단모음 뒤에 f, l, s, z가 마지막에 올 때는 스펠링을 두 번씩 쓰는 규칙이 있습니다. 소리가 약한 친구들이라서 두 개씩 써준다고 생각하면 좋아요. 조금 더 쉽게 기억하도록, 마지막 단어들을 모아서 f, l, s, z 플로스 규칙 (floss rule)이라고 부릅니다.

단모음 뒤 f, l, s, z로 끝나는 경우 두 번씩 써주기, 기억해 주세요.

플로스 규칙

staff = sta /스태/ + ff /f프/ = /스태ㅍf/

fill = fi /f피/ + ll /을/ = /f필/

well = we /웨/ + ll /을/ = /웰/

kiss = ki /키/ + ss /쓰/ = /키쓰/

jazz = ja /재/ + zz /z즈/ = /재ㅈz/

8

완성 규칙 8.
나는 힘이 약해, 슈와 소리

    슈와 소리(schwa sound)는 영어에서 흔히 볼 수 있는 소리입니다. 여러 음절의 단어에서 모든 음절이 강세가 있을 수 없어요. 그래서 자연스럽게 강세가 없는 음절은 모음 소리에 힘이 빠지면서 아주 약한 발음으로 /어/ (슈와/ə/)소리를 내어줍니다. 이는 단모음 u의 /어/ 소리와 확실히 구분될 정도로 '아주 약하게' 발음하는 것이 포인트입니다.

    예를 들어서, 'banana'라는 단어 속에는 모음이 3개라서 3음절로 이루어져 있어요. 이 단어의 강세는 2음절에 있으므로, 자연스럽게 1음절과 3음절의 모음은 강세가 없는 약한 /어/ 소리인 슈와 소리가 납니다. /버내너 (bə'nænə)/

balloon = b /브/ + a /어/ + loon /룬/ = /벌룬/

problem = probl /프라블/ + e /어/ + m /음/ = /프라블럼/

support = s /쓰/ + u /어/ + pport /폴r트/ = /써폴r트/

family = fam /f팸/ + i /어/ + ly /리/ =/f패멀리/

memory = mem /멤/ + o /어/ + ry /뤼/ =/메머뤼/

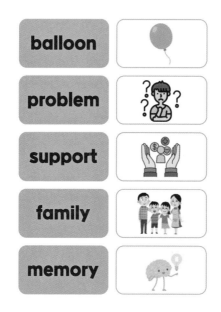

3단계 강화편 강화편

불규칙한 단어는 한눈에 보며 익히기

사이트워드(Sight words)란? 한눈에 바로 인지해서 읽어야 하는 단어들로 문장에서 빈도적으로 많이 쓰이는 필수 단어들입니다. 실제 여러 국제 학교, 미국 학교에서도 사이트워드를 가정에서 익혀와서 다음날 test 형식으로도 진행한다고 해요. 사이트워드는 음가를 정확히 알고, 단모음을 읽을 때 부터 함께 읽으면 좋습니다.

사이트워드는 크게 두 가지로 나눌 수 있어요. 하나는 it, in, on, to, will, can 등과 같이 자주 사용하는 단어들이고, the, have, once, come 등과 같이 파닉스 규칙을 벗어나는 단어들입니다. 이렇게 파닉스 규칙을 배워도 읽어지지 않는 단어들도 많기에 자주 보며 눈과 입으로 익혀주어야 문장을 유창하게 읽을 수 있지요. 사이트워드는 주로 Dolch나 Fry List를 기준으로 분류해요.

- Dolch List : 1930년대에 돌치 박사가 빈도수 높은 단어를 연령별로 300여 개 모아 나눈 것
- Fry List :1950년대 프라이 박사가 돌치를 기반으로 1000개 정도로 확장, 정리한 것

저는 주로 아이들에게 사이트워드를 가르칠 때, 돌치 박사의 사이트워드를 기본으로 하지만, 우리나라 아이들이 쉽게 받아들이는 순서로 정리하여 노출시켜 줍니다. 이렇게 노출하였더니, 사이트워드를 익히는 속도가 5배나 빨라지고, 어린아이들도 쉽게 받아들일 수 있었어요.

지금 소개드리는 사이트워드는 제 노하우로 단어의 길이, 음절에 따라, 그리고 자주 사용되는 빈도에 따라, 끝소리나 모음 소리가 같은 단어끼리 묶어서 함께 익히기 좋은 단어들을 6단계로 분류, 정리한 사이트워드들입니다.

1

5배 빠른 사이트워드 ①
: 음가만 알아도 술술

가장 짧고, 간단하게 익힐 수 있는 단어들로 구성된 첫 번째 사이트워드 단어들입니다. 음가만 아는 단계의 아이들이라도 자주 보고, 따라 읽기로 노출해 줘서 한눈에 보고 읽을 수 있도록 해주세요. 아래의 순서대로 익힌 경우, 세 번 정도 반복해서 읽어주면 어린아이들이라도 쉽게 읽을 수 있었습니다.

사이트워드 1

a /어/	or /올r/	see /씨/
an /언/	of /어v브/	by /바이/
I /아이/	off /어fㅍ/	my /마이/
the /더/	old /올드/	why /와이/
if /이fㅍ/	go /고/	fly /f플라이/
is /이zㅈ/	so /쏘/	to /투/
in /인/	no /노/	do /두/
it /잍/	up /엎/	who /후/
its /이ㅊ/	us /어ㅆ/	too /투/
as /에zㅈ/	he /히/	you /유/
at /엩/	be /비/	your /유얼r/
am /엠/	me /미/	
and /엔ㄷ/	we /위/	
on /온/	she /쉬/	

5배 빠른 사이트워드 ②
: 단모음만 알아도 쉽지

두 번째로 모아둔 사이트워드 단어들은 대부분 단모음 조합만 할 줄 알아도 쉽게 읽을 수 있는 단어들입니다. 이 단어들은 단모음을 배우는 아이들에게 함께 노출하여 파닉스와 사이트워드를 동시에 익힐 수 있도록 도와주세요.

사이트워드 2

can /캔/	did /디드/	went /웬ㅌ/
have /해vㅂ/	pick /픽/	help /헬ㅍ/
had /해ㄷ/	are /알r/	jump /점ㅍ/
has /해zㅈ/	ask /애ㅅㅋ/	stop /스탚/
ten /텐/	look /룩/	
yes /예ㅆ/	into /인투/	
let /렡/	tell /텔/	
get /겥/	well /웰/	
for /f폴r/	out /아욷/	
not /낱/	our /아월r/	
got /같/	fast /f패ㅅㅌ/	
but /벝/	best /베ㅅㅌ/	
him /힘/	must /머ㅅㅌ/	
his /히zㅈ/	just /저ㅅㅌ/	

3

5배 빠른 사이트워드 ③
: 매직 e를 안다면 식은 죽 먹기

세 번째에 나오는 사이트워드 단어들은 대부분의 매직 e 단어와 끝소리
가 같은 단어들을 묶어서 쉽게 읽을 수 있는 1음절 단어들로 구성되어 있
습니다. 어렵지 않게 읽어지는 단어들이라서 매직 e를 배우는 아이들이라
면 충분히 읽을 수 있는 단어들입니다.

사이트워드 3

ate /에이트/	they /데이/	walk /워크/
take /테이크/	away /어웨이/	talk /토크/
make /메이크/	this /디스/	cold /콜드/
made /메이드/	that /댈/	hold /홀드/
came /케임/	put /풑/	good /굳/
gave /게이vㅂ/	pull /풀/	soon /순/
like /라이크/	full /f풀/	two /투/
five /f파이vㅂ/	one /원/	three /뜨(쓰)뤼/
white /와이트/	once /원ㅆ/	four /f폴/
write /롸이트/	both /보뜨(ㅆ)/	new /누/
use /유z즈/	will /윌/	
say /쎄이/	all /올/	
may /메이/	call /콜/	
play /플레이/	small /쓰몰/	

4

5배 빠른 사이트워드 ④
: 이중글자들도 걱정 없어

네 번째로 구성된 이 단어들은 이중자음, 이중모음, Bossy R이 들어가는 단어들을 끝소리에 맞게 정리하였습니다. 이 순서대로 3~4회만 반복하여 읽어도 대부분의 아이들이 쉽게 단어를 읽을 수 있었습니다.

사이트워드 4

now /나우/	never /네벌r/	with /위ㄷ/
how /하우/	better /베럴r/	said /세ㄷ/
down /다운/	after /에f ㅍ털r/	
give /기\v브/	know /노-/	
live /리\v브/	grow /그로-/	
find /f파인ㄷ/	show /쇼-/	
kind /카인ㄷ/	eat /잍-/	
some /썸/	been /빈-/	
come /컴/	keep /킾-/	
far /f팔r/	sleep /슬맆-/	
her /헐r/	wish /위쉬/	
were /월r/	wash /워쉬/	
over /오v벌r/	much /머취/	
under /언덜r/	which /위취/	

5배 빠른 사이트워드 ⑤
: 순식간에 외워지는 마법의 순서

대부분 앞소리가 같거나, 끝소리가 같은 단어들끼리 모으고, 같은 카테고리에 분류가 되는 단어들을 함께 노출해서 익히면 훨씬 빠르고 정확하게 구분하여 읽을 수 있습니다. 자주 보고 소리 내어 읽어주세요.

사이트워드 5

what /왙/	little /리틀/	these /디z즈/
was /워z즈/	sing /씽/	those /도z즈/
want /원ㅌ/	bring /브륑/	them /뎀/
work /월rㅋ/	long /롱/	then /덴/
own /온-/	only /온리/	when /웬/
done /던/	many /매니/	
don't /돈ㅌ/	very /v베뤼/	
goes /고z즈/	every /에v브뤼/	
does /더z즈/	funny /f퍼니/	
blue /블루/	today /투데이/	
black /블랙/	pretty /프뤼티/	
brown /브롸운/	here /히얼r/	
green /그륀/	where /웨얼r/	
yellow /옐로-/	there /데얼r/	

6

5배 빠른 사이트워드 ⑥
: 파닉스가 완벽해지는 순간

마지막 사이트워드 단어들입니다. 조금 길고 어려워 보이는 단어들이 여기에 속하지만, 앞의 5단계까지 어렵지 않게 연습된 아이들이라면 충분히 읽을 수 있어요.

파닉스 규칙들을 모두 이해하고, 이 사이트워드 단어들까지 한눈에 보고 읽을 수 있다면, 이제 영어 문장 읽기의 모든 준비가 다 되었습니다. 이 단어들도 어렵지 않은 순서로 잘 정리해 두었으니, 자주 소리 내어 읽어서 한눈에 읽을 수 있도록 연습해 봅시다.

사이트워드 6

right /롸이ㅌ/	thank /쌩(땡)ㅋ/
light /라이ㅌ/	laugh /래fㅍ/
eight /에이ㅌ/	enough /이나fㅍ/
from /프r롬/	always /올웨이zㅈ/
upon /어폰/	before /비f풔r/
open /오픈/	saw /써/
again /어게인/	buy /바이/
about /어바웉/	shall /쉘/
around /어롸운ㄷ/	myself /마이셀fㅍ/
round /롸운ㄷ/	please /플리zㅈ/
found /r파운ㄷ/	because /비커-zㅈ/
could /쿠-ㄷ/	together /투게덜r/
would /우-ㄷ/	
think /씽(띵)ㅋ/	

Q. 사이트워드를 익힐 때, 뜻을 알려줘야 하나요?

A. 정답은 없지만, 저는 사이트워드 중에도 의미를 지닌 단어들인 의문사, 명사, 동사, 형용사 등(what, when, ten, yellow….)은 의미를 알려주고 있어요. 하지만 기능어, 전치사(about, upon, of, these….) 등은 '문장 속에서 파악하는 것'이 효과가 더 좋아서, 굳이 알려주기보다는 빠르게 문장 읽기, 책 읽기로 넘어갑니다. 아이들이 앞뒤 문맥을 통해서 그 단어의 쓰임과 의미를 정확하게 파악하는 편을 추천드립니다. 물론, 아이 성향상 정확하게 알아야 하는 아이들에겐 알려주어도 좋습니다.

*사이트워드 6단계 플레쉬카드는 제 블로그에서 무료로 나눔해 드리고 있습니다!

4단계 실전편

문장
피라미드로
유창하게
문장 읽기

파닉스의 기본 규칙들과 사이트워드를 익혔다면 바로 문장 읽기를 도전해 보겠습니다. 영미권 아이들이 유창하게 문장을 읽기 위해서 하는 활동이 있는데, 그건 바로 **문장 피라미드(Sentence Pyramid)**라고 해요.

파닉스를 배운 아이들이 처음 문장 읽기를 시도하면, 한 번에 술술 잘 읽기는 힘들어요.

더듬더듬 단어만 읽게 되어 읽기의 유창성과 이해력이 떨어지게 되지요. 이때 문장 피라미드를 이용해서 한 단어씩 읽으며, 유창하게 한 문장을 읽어보는 연습 방법입니다. 그냥 문장을 주었을 때 잘 못 읽었던 아이들이, 이렇게 문장 피라미드를 이용해서 여러 번 연습한다면 문장을 훨씬 자연스럽게 읽어낼 수 있었습니다.

이 문장 피라미드 연습은 5단계 단계로 단모음, 매직 e, 이중자음, 이중모음, Bossy R 단어가 포함된 문장을 읽어보는 연습을 해볼게요. 아이들이 문장의 의미를 유추할 수 있도록 그림도 함께 추가하였으니, 마지막에는 그림을 보며 큰소리로 한 번 더 읽어주세요!

문장 읽기의 입문
: 단모음 문장

단모음들과 가장 간단한 사이트워드만 알아도 문장을 읽을 수 있습니다. 파닉스를 배웠다고, 단어 읽기에만 그치면 안 되고, 꼭 문장을 읽는 연습을 많이 시켜주어야 아이들이 쉽게 책을 읽을 수 있게 됩니다. 제일 위에 있는 단어부터 차례로 읽는 연습을 시켜주세요!

예를 들어, Sam, Sam sat, Sam sat on, Sam sat on a, Sam sat on a mat처럼 단어 하나씩 추가해서 반복해서 읽는 연습을 하면 아이가 자연스럽고 유창하게 읽는 연습이 되고, 더불어 문장을 더 잘 이해할 수 있게 됩니다.

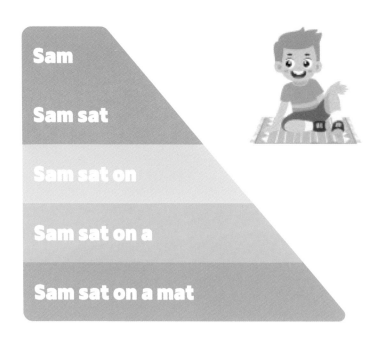

Sam

Sam sat

Sam sat on

Sam sat on a

Sam sat on a mat

Read aloud !

Sam sat on a mat.

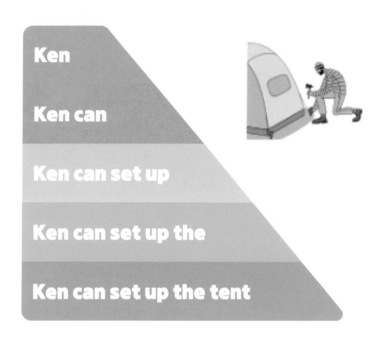

Ken

Ken can

Ken can set up

Ken can set up the

Ken can set up the tent

Read aloud !

Ken can set up the tent.

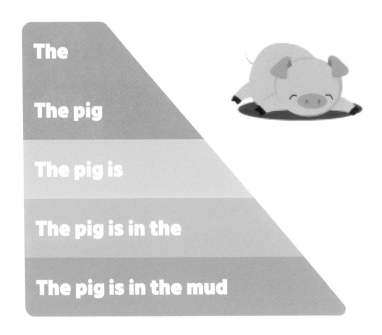

The

The pig

The pig is

The pig is in the

The pig is in the mud

Read aloud !

The pig is in the mud.

Tom

Tom sat

Tom sat on

Tom sat on the

Tom sat on the log

Read aloud !

Tom sat on the log.

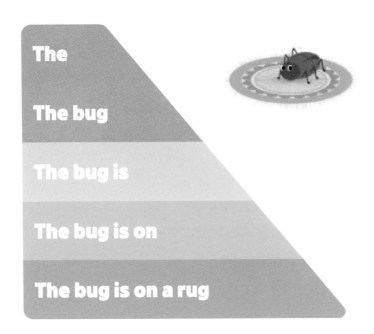

The

The bug

The bug is

The bug is on

The bug is on a rug

The bug is on a rug.

2

문장 읽기의 기초
: 매직 e 문장

단모음이 들어간 문장을 잘 읽었다면, 이번에는 매직 e 장모음이 들어가는 문장을 읽는 연습을 해보겠습니다. 한 단어씩 읽으며 유창하게 문장을 읽을 수 있도록 연습해 봅시다.

Jane

Jane made

Jane made a

Jane made a big

Jane made a big cake

Read aloud !

Jane made a big cake.

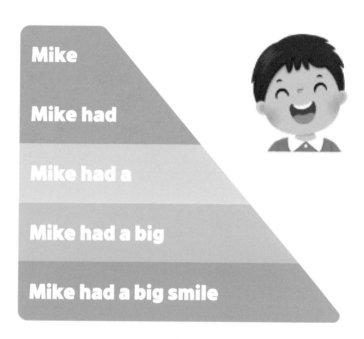

Mike

Mike had

Mike had a

Mike had a big

Mike had a big smile

Read aloud !

Mike had a big smile.

3 매직 e 장모음 o가 들어간 문장

The

The dog

The dog has

The dog has a

The dog has a bone

Read aloud !

The dog has a bone.

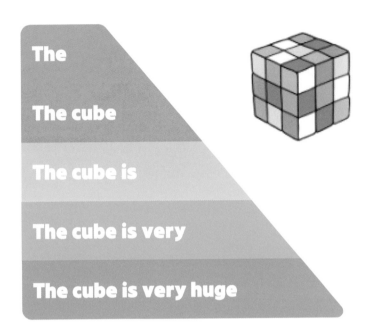

The

The cube

The cube is

The cube is very

The cube is very huge

Read aloud !

The cube is very huge.

3

문장 읽기의 도약
: 이중자음 문장

단모음과 매직 e 장모음 문장 읽기가 완성이 되었다면, 이중자음 문장 읽기에 도전하세요! 점점 읽을 수 있는 문장들이 많아짐을 느낄 수 있을 거예요. 앞서 익혔던 사이트워드와 파닉스 규칙을 생각하며 천천히 읽어 보세요.

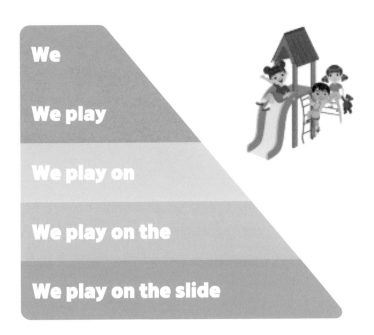

We

We play

We play on

We play on the

We play on the slide

We play on the slide.

She

She wore

She wore a

She wore a green

She wore a green dress

Read aloud !

She wore a green dress.

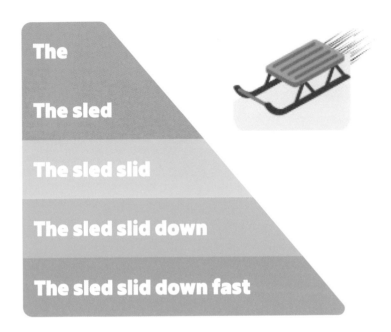

The

The sled

The sled slid

The sled slid down

The sled slid down fast

Read aloud !

The sled slid down fast.

The

The shop

The shop has

The shop has good

The shop has good shoes

Read aloud !

The shop has good shoes.

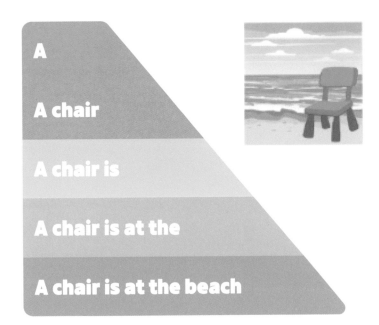

A

A chair

A chair is

A chair is at the

A chair is at the beach

A chair is at the beach.

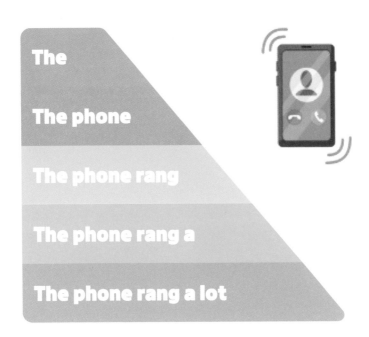

The

The phone

The phone rang

The phone rang a

The phone rang a lot

Read aloud !

The phone rang a lot.

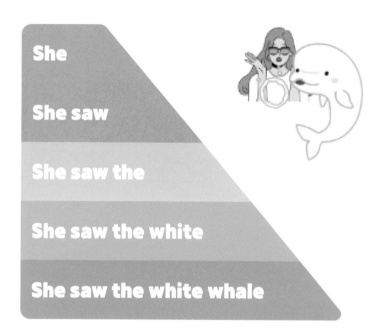

She

She saw

She saw the

She saw the white

She saw the white whale

Read aloud !

She saw the white whale.

The

The bath

The bath was

The bath was very

The bath was very nice

Read aloud !

The bath was very nice.

She

She sang

She sang a

She sang a nice

She sang a nice song

Read aloud !

She sang a nice song.

4

문장 읽기의 심화
: 이중모음 문장

이중모음의 규칙이 기억나시죠? 앞에 나오는 대장이 대표로 이름을 말하는 대장모음팀과, 두 이중모음이 결합하여 소리를 내는 합체모음팀!

이중모음들 중 가장 잦은 빈도로 나오는 모음들을 모아서 문장으로 만들어 보았습니다. 천천히 정확하게 읽으면서, 아이들이 문장을 유창하게 읽을 수 있도록 도와주세요.

이중모음 ee가 들어간 문장

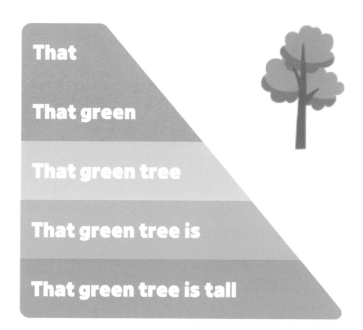

That

That green

That green tree

That green tree is

That green tree is tall

Read aloud !

That green tree is tall.

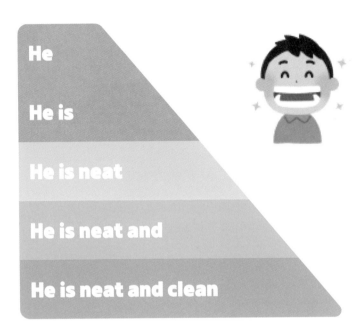

He

He is

He is neat

He is neat and

He is neat and clean

Read aloud !

He is neat and clean.

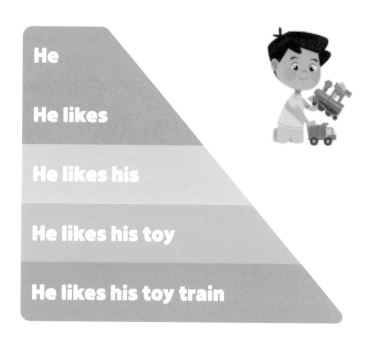

He

He likes

He likes his

He likes his toy

He likes his toy train

Read aloud !

He likes his toy train.

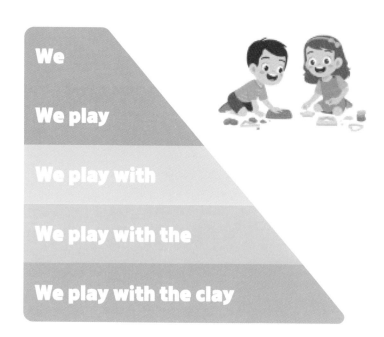

We

We play

We play with

We play with the

We play with the clay

Read aloud !

We play with the clay.

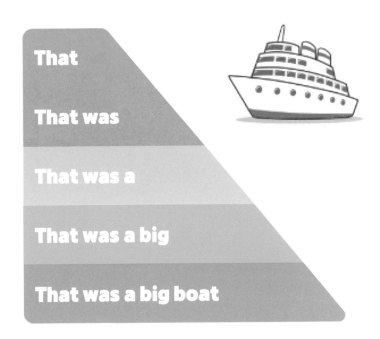

That

That was

That was a

That was a big

That was a big boat

Read aloud !

That was a big boat.

He

He tried

He tried to

He tried to tell

He tried to tell a lie

He tried to tell a lie.

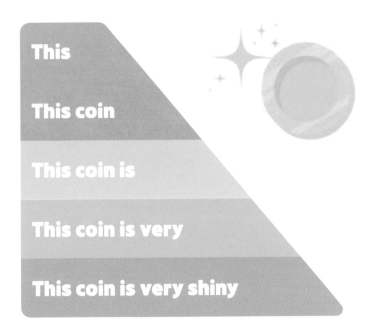

This

This coin

This coin is

This coin is very

This coin is very shiny

Read aloud !

This coin is very shiny.

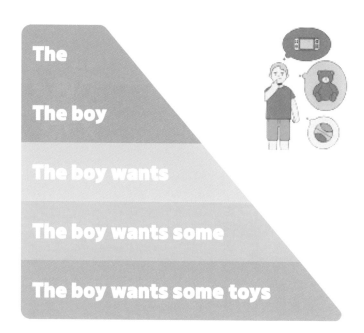

The

The boy

The boy wants

The boy wants some

The boy wants some toys

Read aloud !

The boy wants some toys.

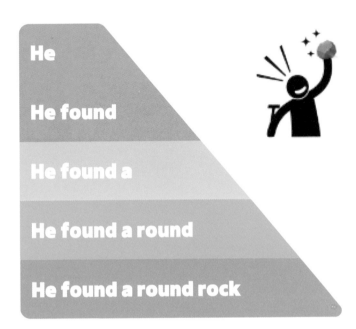

He

He found

He found a

He found a round

He found a round rock

Read aloud !

He found a round rock.

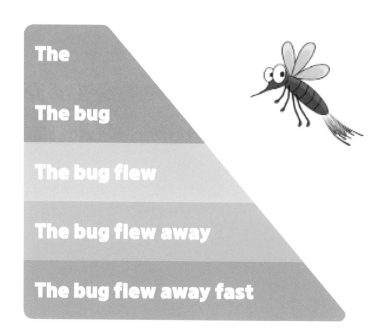

The

The bug

The bug flew

The bug flew away

The bug flew away fast

Read aloud !

The bug flew away fast.

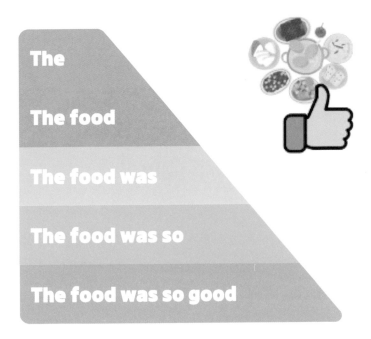

The

The food

The food was

The food was so

The food was so good

The food was so good.

5

문장 읽기의 정복
: Bossy R 문장

드디어 기본 파닉스 규칙의 마지막인 모음을 제어하는 r 단어의 차례가 왔습니다. 기본적인 파닉스 규칙과 사이트워드만 알아도 문장을 읽음에 어려움이 없을 거라 생각합니다. 규칙을 잘 기억하고 한 단어씩 읽어보도록 할게요.

The

The park

The park is

The park is far

The park is far away

Read aloud !

The park is far away.

I
I want
I want to
I want to be
I want to be a painter

Read aloud !

I want to be a painter.

I

I had

I had a

I had a birthday

I had a birthday party

Read aloud !

I had a birthday party.

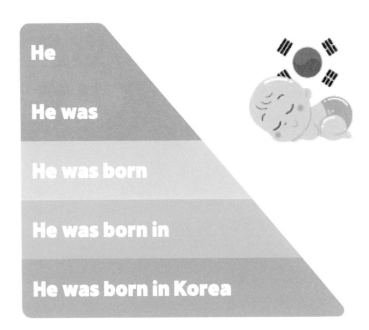

He

He was

He was born

He was born in

He was born in Korea

Read aloud !

<u>He was born in Korea.</u>

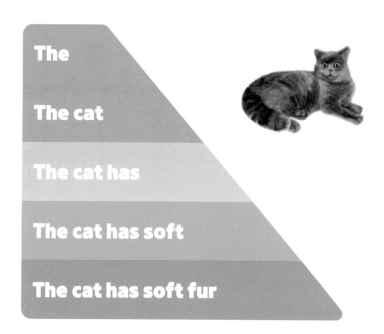

The

The cat

The cat has

The cat has soft

The cat has soft fur

Read aloud !

The cat has soft fur.

5단계 종결편

영어 읽기의 마스터, 리딩에 날개를 달자!

축하합니다! 이제 파닉스와 사이트워드를 모두 마스터하였고, 기본 문장 읽기 연습까지 마치셨습니다! 하지만 기억해야 할 것은 이제부터가 진짜 리딩의 시작입니다. 영어 읽기를 할 수 있게 되었으니, 앞으로 영어를 즐겁게 읽으며 영어 책 읽기의 재미에 빠져볼 차례입니다.

보통 파닉스 단계를 마치고 할 수 있는 활동은 크게 두 가지로 나누어 볼 수 있어요. 하나는 원서 읽기고, 다른 하나는 문제집을 통해 어휘력을 쌓으며 독해 능력을 기르는 것이죠. 2가지 모두 좋은 방법입니다. 하나씩 좋은 방법으로 추천드리겠습니다.

영어 책의 재미에 푹 빠질 '원서 읽기' 도전!
(단계별 원서 추천 리스트)

저는 리딩을 할 수 있는 아이들이 영어 책을 통해서 진정한 읽기의 재미를 느꼈으면 좋겠습니다. 아래에는 파닉스를 마친 아이들이 아주 쉬운 원서부터 차츰차츰 단계를 높여가며 책을 읽을 수 있도록 목록을 정리해 보았습니다. 여기 나오는 목록의 책들은 제가 아이들과 함께 읽었던 책들이에요. 목록과 함께 내용을 해치지 않는 범위 내에서 내용을 간략히 적어두었고, 난이도(AR지수)에 따라서 정리하였습니다. 남녀 구분 없이 좋아할 만한 책들의 리스트이니 꼭 참고하여 읽어주시길 바랍니다.

*AR지수 : 미국 르네상스 출판사에서 제공하는 독서 능력 지수로 어휘 난이도를 기준으로 K~13단계로 구분되며, 각 단계는 학년을 의미합니다. 예를 들어 AR 1점은 미국 초등학교 1학년 수준이라는 뜻입니다. AR 1.1은 1학년 1개월, AR 1.9는 1학년 9개월 정도의 수준을 의미합니다. 물론 미국 기준이니, 참고만 합시다.

처음 원서를 읽을 때 아이가 의미를 파악하지 못할 수 있기 때문에 그림이 풍부한 쉬운 책들을 선택하는 것이 좋습니다. 원서의 모든 문장을 정확하게 이해하지 못하지만 그림을 통해서 그 문장이 어떤 의미를 가지는지 파악할 수 있기 때문이죠. 그리고 원서를 읽을 때는 모든 내용을 직독직해로 해석해 주지 않는 편이 좋습니다. 영어를 한국어로 자꾸 번역하는 습관이 들면 영어 자체로 파악하기보다 해독을 해야 하는 암호처럼 느껴지기 때문입니다. 아이들이 많은 문장을 읽고, 들으면서 자연스럽게 문장이 스며들게 해 주세요.

원서를 읽을 때에 음원을 함께 구할 수 있다면 좋습니다. 음원을 활용하여 원어민의 발음을 들으며 집중 듣기와 따라 읽기, 스스로 읽기, 그리고 이미 듣고 읽었던 책을 음원만 켜서 흘려듣기 등의 방법을 활용하면 아이들이 원서를 읽을 때 부담이 줄어들기 때문에 원서의 재미에 더욱 빠질 수 있습니다.

원서를 선택할 때에는 무조건 아이의 흥미에 맞게 선택해 주세요. 부모의 욕심으로 지식적인 책을 선택하였다가, 아이가 흥미만 잃게 되는 경우도 많기 때문입니다. 저희 아이의 경우도 처음부터 원서 읽기에 성공하지 못하였습니다. 실패를 한 적도 있고, 중박(?) 정도 났던 책들도 있었는데, 대박 났던 책 하나가 원서 읽기를 성공적으로 이끌어 주었습니다. 저희 집 '대박 책'은 바로 'Junie B Jones'이라는 책이었는데, 주인공인 여자아이 쥬니비존슨이 어찌나 웃기고 발칙한지 아이가 깔깔거리며 읽고, 성대모사에, 주인공 빙의해서 흉내까지 내며 푹 빠졌습니다. 그 이후로 중학생이 된 지금까지도 원서 읽기는 수월하게 진행되었고, 원서를 통해서 자연스럽게 영어 발화까지 되었습니다.

아래의 내용을 참고하셔서 우리 아이의 취향에 맞는 '대박 책'을 꼭 찾아보세요!

제목	책	AR	책 정보
☐ I can read, Ready to Read 시리즈 등(대부분의 Reader's 북)		0-2점대	재미있는 캐릭터들 이야기들이 쉽게 읽을 수 있도록 리더스로 만들어짐. 단계별로 읽기 좋음. Biscuit, Little Critter, Mia, Flat Stanley, Fancy Nancy, Danny the Dinosaur, Pete the Cat, Berenstain Bears, 히어로 시리즈 등(시리즈가 너무 많음)
☐ An Elephant and Piggie		0.5-1.3	총 25권, 만화 형식으로 서로 말 주고받으며 읽기 좋은 리더스북, Mo Willems 작품, 코끼리와 꿀꿀이 시리즈(코꿀이), 내용이 재미있음. 우정,
☐ Fly Guy		1.3-2.1	총 18권, 주인공 남자아이 Buzz, 재주 많은 애완용 파리 Fly Guy, 똑똑한 파리 친구, 유머, 글밥이 적어 리더스용 챕터북으로 스스로 읽을 수 있음.
☐ Froggy		1.8-2.6	총 21권, 유머, 가족 일상, 개구리 Froggy 주인공, 의성어 다량, 컬러북

☐ Mr.Putter & Tabby		1.9-3.5	총 25권, 일상, 유머, 할아버지 Putter와 고양이 Tabby 이야기, 이웃 아줌마 Mrs.Teaberry와 Zeke
☐ Nate the Great		2.0-3.1	총 27권, 추리, 탐정, 스스로 위대한 탐정이라 칭함. 강아지 Sludge, 친구 Annie와 Rosamond 사건 의뢰
☐ Dog Man		2.3-2.6	총 11권, 만화책, 삶의 가치와 교훈이 담긴 책, Captain UnderPants작가 Dav Pilkey 작품, 컬러판 그래픽 노블, 한글판[도그맨]
☐ The Bad Guys		2.3-2.7	총 14권, 영화도 있음, 만화로 구성, 무례한 주인공들이지만, 마음은 착함, 이미 나쁜 일을 저지르긴 했어도, 착하게 살기 위해 노력함.
☐ Comic Rockets		2.3-2.8	총 24권,(총 8권x3단계) 유머, 여러 가지 다른 시리즈로 구성
☐ Zak Zoo		2.4-2.9	총 8권, 컬러 그림, Zak의 부모님 사파리에서 근무하면서 하마인 내니힐다에게 책을 맡김, wild animals(야생동물들)과 사는 Zak, 편지로 엄마아빠와 안부, 글밥이 적은 편

☐ Black Lagoon Adventures		2.4-3.8	총 30권, 유머, 그림책도 있음, 소심한 남자아이가 무서운 상상을 함. 은근히 역사, 과학 등 배경지식
☐ Magic Bone		2.5-3.0	총 12권, 동물, 유머, 마법의 뼈다귀를 물면, 세계의 대표 도시로 이동하여 도시 특징 등 알기 좋음, 주인공 Sparky, Two legs는 사람들 뜻함, George Brown, Katie Kazoo 작가 책
☐ Press Start		2.5-2.9	총 12권, 게임 좋아하는 아이라면 무조건 추천, 게임을 하면서 게임 속에서 일어나는 이야기들, 한글판 [달려라 달려, 슈래보]
☐ Junie B Jones		2.6-3.1	총 28권, 일상, 관계, 학교생활, 엉뚱하고, 솔직, 발칙, 맹랑하지만 사랑스러운 여자아이 주니비 존슨, 유머
☐ Dragon Tales		2.6-3.2	총 5권, 주인공 귀엽지만 외로운 블루 공룡, 도그맨의 작가 Dav Pilkey, 재미와 감동, 교훈
☐ Mercy Watson		2.6-3.2	총 6권, 동물, 유머, 왓슨 부부에게 사랑받는 말썽꾸러기 애완용 돼지가 주인공, 그를 못마땅해하는 이웃 Eugenia 이야기

☐ Magic Tree House		2.6-4.0	총 54권, 잭과 애니가 마법의 나무집을 발견하고 그 안에서 발견한 책을 따라 떠나는 판타지 모험, 세계 역사, 배경지식
☐ Chameleons		2.6-4.1	총 20권, 동물, 유머, 다른 작가, 다른 스토리로 구성, 컬러북으로 쉽게 읽을 수 있음.
☐ Roscoe Riley Rules		2.7-3.2	총 7권, 일상, 유머, 호기심 많은 장난꾸러기 초1 로스코의 일상, 이유가 있는 개구쟁이임. 문장이 쉬운 편
☐ Marvin Redpost		2.7-3.6	총 8권, 루이스세커(Holes) 작품, 학교, 친구 이야기, 빨간 머리 3학년 Marvin 주인공, UFO 타고 온 듯한 전학생, 마법 구슬을 학교에 가져오는 친구… 평범치 않은 학교
☐ The Zack Files		2.7-3.9	총 30권, 판타지, 모험, TV 시리즈도 있음. 평범한 Zack에게 항상 기상천외한 일들이 발생, 말하는 고양이, 투명인간, 외계인 등등….
☐ Owl Diaries		2.8-3.2	총 18권, 초등학생 부엉이 Eva의 일기, 문장들이 쉽고 친숙, 컬러북, 글씨가 귀여움. 일상, 학교 이야기

☐ Horrible Harry		2.8-3.6	총 32권, 일상, 학교생활, 갈등, 친구 관계, 50페이지 분량, Doug관점에서 장난기 많지만 순수한 친구인 Harry 를 관찰하는 시점.
☐ Calendar Mysteries		2.9-3.3	총 13권, 탐정, 추리, A to Z mystery의 후속작으로 AZ에서의 주인공들의 동생들이 주인공이 됨… Ron Roy 작품. January(1월)-December(12월)까지 12권+New year 총 13권, 매월 1개의 사건을 해결.
☐ Katie Kazoo		2.9-3.7	총 35권, 판타지, 관계, 학교, 일상, 집과 동네에서 일어나는 판타지 이야기, 갑자기 다람쥐, 친구, 가족들로 변신, Switcheroo(예상치 못한 변신), Magic bone 작가
☐ Arthur Chapter Book		2.9-3.8	총 30권, 일상, 관계, 착한 Arthur, 동생 D.W 아서 스타터-아서 어드벤처-아서 챕터북 순서
☐ Ricky Ricotta's Mighty Robot		2.9-4.1	총 8권, Squeakville에 사는 쥐 Ricky, 소심해서 친구 사귀는 거 힘들어함. 알고 보니 착했던 Mighty Robot(괴짜 과학자가 만든 파괴 로봇)이랑 친구 됨
☐ The Secrets of Droon		2.9-4.4	총 36권, 판타지, 지하실에서 발견한 계단, 마법 세계 드룬으로 모험.

☐ Ready, Freddy		3.0-3.4	총 27권, 유머, 친구 고민, 반에서 자기만 이가 빠지지 않았어… 등 소박하고 재미있는 고민이 많은 프레디, 그림 속에 숨은 FIN 찾기 깨알 재미, 상어 좋아함.
☐ The Princess in black		3.0-3.2	총 10권, 몬스터 물리칠 때 몰래 성에서 빠져나와서 검정 드레스 입는 메그놀리아 공주, 한글판 [블랙 프린세스]
☐ Stink		3.0-3.7	총 10권, 일상, 가족, 주디무디의 동생 이야기, 키가 작아서 키에 예민, 미국 가정의 소소한 일상, 만화 삽화
☐ Usborn Young Reading Series 1		3.0-4.0	총 50권, 역사, 전래동화, 다른 이야기 집합
☐ Galaxy Zack		3.0-4.3	총 18권, 환상(SF), 외계, 우주선을 타고 행성들을 여행하는 가족 이야기, Nebullon행성으로 이사를 가서 학교생활에 적응, 탐험클럽에 가입, 가사도우미 로봇 Ira, 포터블 자동차, 앞뒤 양옆으로 움직이는 엘리베이터 등
☐ Dirty Bertie		3.1-3.5	총 30권, 유머, 조금 더럽지만 아이들 좋아함, 코파고 조금 지저분하지만 마음은 순수한 베티, 글씨 큰 편이라 읽기 편함

☐ A Faraway Tree Adventure		3.1-3.5	총 10권, 컬러북, 하늘과 연결되는 마법 나무(Faraway tree) 이야기, 모험, 유명한 영국 작가 애니드 블라이튼
☐ Judy Moody		3.1-3.7	총 13권, 일상, 감정변화 심한 무디, 스팅크(한 살 어린 동생)의 누나, 영화도 있음. judymoody.com(액티비티 등)
☐ Horrid Henry		3.1-3.8	총 30권, 동생 약 올리기 좋아하는 핸리와 착한 동생 피터, 영국식, 동영상 있음, 얼리리더북도 있음
☐ Dragon Masters		3.1-3.9	총 24권, 양파농장의 농부 아들 Drake가 드레곤 마스터가 되는 이야기 Worm(드레곤) 길들이기. 우정, 모험. 용기
☐ Ivy & Bean		3.1-3.9	총 10권, 일상, 친구 관계, 넷플 시리즈, 말괄량이 선머슴 빈, 여성스럽지만, 반전 매력 있는 아이비의 만남.
☐ Geronimo Stilton		3.1-4.3	총 60권, 유쾌한 신문사 기자 생쥐주인공, 신박하고 흥미로운 모험, 나라이야기, 컬러북, 여동생 Teha Stilton 시리즈도 있음. 홈페이지 있고, 그래픽 노블도 나옴, 한글판 [제로니모의 환상모험]

☐ Nancy Drew and the Clue Crew		3.1-4.6	총 40권, 추리, 소녀 탐정, 엄마가 돌아가셨지만 밝고 긍정적인 캐릭터, 관찰력이 높음. 일상생활 친구 사건 해결을 잘해줌. 그래픽 노블. Sluths=Detectives (탐정) 단어 배움
☐ Seriously Silly Stories		3.1-5.0	총 12권, 유머, 아무도 옷을 입지 않는 나라 등등 명작동화를 패러디한 내용인데 엄청 엉뚱하고 웃긴 내용들. 컬러판(Seriously Silly color)으로 쉽게 나온 것도 있음(8권)
☐ Mallory		3.1-5.2	총 28권, 일상 속 유머, 미국 초등학교 생활, 가정생활 위주, 베프 Mary Ann, Joey Winston, 치즈버거를 좋아하는 Mallory
☐ The Notebook of Doom		3.2-3.5	총 14권, 학교 배경, 몬스터 이야기가 있는 몬스터 노트북, 괴물의 약점 찾기
☐ Cam Jansen		3.2-3.9	총 36권, 미스터리 사건 해결, Cam(카메라 : 자기 뇌가 카메라처럼 Click 소리와 함께 사진처럼 모든 걸 머릿속에 저장하는 능력을 지님), Young Cam Jansen도 있음.
☐ A to Z Mysteries		3.2-4.0	총 26권, 추리, 탐정, A~Z(Author과 관련된 사건부터, Zombie와 관련된 사건까지)

☐ Flat Stanley		3.2-4.0	총 6권, I can read 2시리즈도 있음, bulletin board 가 스탠리 위로 떨어져서 half an inch로 납작해져 겪는 모험과 해프닝
☐ Wayside School		3.3-3.9	총 4권, 1층에 30개 교실을 만들 계획이었는데 실수로 30층짜리로 만들어진 학교 건물, 엘리베이터 없음. 완전 큰 운동장. 꼭대기 층의 30명 아이들과 괴짜 선생님들의 학교 이야기, 루이스세커 작품, 웃기는 이야기, [Holes]의 작가. 국제학교 추천 도서
☐ Andrew Lost		3.3-4.0	총 18권, 과학, 주인공 Andrew와 Judy, 발명품 Atom Sucker의 실수로 아주 작아져 버림. 헬리콥터의 도움. 논픽션 느낌으로 과학에 관한 배경지식이 풍부해지는 책
☐ My Weird School		3.5-4.4	총 21권, 주인공 A.J의 이상한 학교 이야기, 넌픽션으로 My weird school Fast Facts 연계, 작가가 주니비존스를 읽은 후 만들었다 함, weird-weirder-weirdest-weirdest school로 시리즈가 계속 나옴
☐ Jacqueline Wilson Chapter book series		3.3-4.9	총 9권, 닉샤렛그림, 유머, 영국 여자아이들에게 최고의 인기 작가 재클린 윌슨. 등장인물들이 평범한 듯 평범치 않음.

☐ Rainbow Magic		3.3-5.1	총 52권, 판타지, 요정 이야기, Fairy Land, 우정, Rainbow, Jewel, Weather, Pet, Fun day Fairy 시리즈
☐ Usborne young Reading Series 2		3.4-4.2	총 50권, 전래동화, 역사, 다른 이야기들
☐ Jake Drake		3.4-4.3	총 4권, 장난기 많은 4학년 모범생(?) 주인공, 학교 사건, 심리적 갈등, Andrew Clements 작품
☐ The Binder of Doom		3.5-4.0	총 4권, Notebook of Doom의 후속작, 집이나 마을 배경, 몬스터 카드 등장, 자아 성장, 우정, 친구 관계
☐ The alien next door		3.5-4.2	총 10권, 주인공 외계인 소년 Zeke와 평범한 지구인 Harris와의 우정
☐ The Baby Sitter Club		3.5-4.2	총 30권, 넷플릭스 방영 중, 4명의 아이들의 베이비시터 클럽. 미국문화를 반영. 갈등 해결, 그래픽 노블도 있음(ar2.2-4.1 : 15권)

☐ The Tiara Club		3.6-4.5	총 56권, 진정한 공주가 되기 위해서 수업받는 공주학교 이야기. [프린세스 아카데미] 한글판. 교장선생님은 여왕, 기숙학교 생활. 티아라 포인트를 받아서 상급학교로 진급
☐ Magic Ballerina		3.6-4.6	총 22권, 주인공 델피, 마법의 발레 슈즈, 요정, 발레 학교, 작가가 발레리나였다고 함. 모험, 판타지
☐ Amber Brown		3.7-4.1	총 12권, 일상, 관계, 고민, 갈등, 유머와 재치가 있는 사춘기 소녀, 부모님의 이혼, Tony Ross의 그림. 애플TV 방영
☐ The 13 story Treehouse		3.7-4.3	총 13권. 앤디와 테리, 유머, 재미 13층씩 집이 늘어나며 시리즈가 나옴. 현 169층까지 나옴, 책은 두껍지만, 그림이 많아서 읽기 좋음
☐ Captain Awesome		3.7-4.4	총 23권, 주인공 유진의 부캐 히어로, 글밥 적은 편, 쉽고 재미있음.
☐ Who would win?		3.8-4.1	총 27권, 넌픽션 영어 원서, Killer whale과 Great white Shark가 싸우면 누가 이길까? 골격구조와 크기 차이 등 근거를 들어 알려줌. 한글판 [누가 이길까?]

☐ The Spider Wick Chronicles		3.9-4.4	총 8권, 판타지, 세 아이들이 주인공, 첫째 누나 펜싱선수 말로리, 쌍둥이 제러드와 사이먼이 시골 이모 집의 비밀 서재에서 발견한 요정 도감. 영화[스파이더위크가의 비밀]
☐ Super Turbo		3.9-4.5	총 9권, 학교에서 키우는 class pet인 햄스터 터보가 주인공, 학교 슈퍼 펫들이 팀을 이룸. 유머와 액션
☐ Key Hunters		3.9-4.5	총 7권, 스릴, 모험, 책 속에 빨려 들어가서 미션의 열쇠를 찾아야 빠져나올 수 있음. 스파이, 타이타닉호, 유령 이야기 등
☐ The Last Kids on Earth		3.9-4.6	총 9권, 한글판 [지구 최후의 아이들], 좀비 괴물 이야기, 넷플 방영, 아포칼립스(대종말), 많이 잔인하진 않음. 고아인 주인공 잭이 좋아하는 여자 아이와 과학을 좋아하는 친구 Quint
☐ Encyclopedia Brown		3.9-5.0	총 30권, 물리, 화학, 예술, 지구과학 배경지식, 천재 소년 탐정, 아빠는 경찰서장, 마을의 사건을 해결. 한글판 [과학 탐정 브라운]
☐ The Not-So- Little Princess		4.0-4.4	총 4권, Little princess가 후속작, 리틀 프린세스가 자라서 왕과 신하들이 더 이상 리틀 프린세스라 부르지 않고, 공주의 이름으로 부르려 하지만, 공주의 이름은 'Rubella Ovaltina Saliva Ignacia Eglantine the Third!'?

☐ Clementine		4.0-4.5	총 6권. 주의 산만하고 엉뚱하지만, 창의력 높은 몰입 천재 소녀, 학교생활, 일상, 유머
☐ The Magic School Bus Chapter		4.0-4.7	총 20권, 과학, 넌픽션 느낌. 엉뚱한 프리즐 선생님과 신기한 스쿨버스를 타고 과학 속으로 모험, 영상 있음
☐ The 39 Clues		4.0-5.3	총 11권, 미스터리, 14살 소녀 에이미와 10살 동생 댄, 가문의 과거와 비밀을 풀기 위해 39개의 clue를 찾아 나서는 모험.
☐ Percy Jackson		4.1-4.7	총 6권, 그리스 신화 바탕, 신과 인간의 혼혈 half blood 12살 소년. 문제 아들 학교 기숙사. 영화 [퍼시잭슨과 번개 도둑]
☐ Lemonade War		4.1-4.8	총 5권, 연년생 에반과 제시 남매. 공부 잘하는 제시. 남매간의 돈 벌기 경쟁. 레모네이드 팔기, 수학과 경제관념
☐ Flat Stanley's Worldwide Adventures		4.1-5.1	총 15권, Flat Stanley의 후속 작, 모험 배경이 세계 여러 나라로 범위가 넓어짐, 배경지식, 세계 지리, 문화, 사회 등

☐ The Chronicles of Narnia		4.1-5.9	총 7권, 영화 [나니아 연대기], 4명의 아이들. 피터. 수잔. 에드먼드. 루시. 전쟁을 피해 교수의 집에서 발견한 옷장 속 나라 나니아로 모험
☐ What was /Where was		4.1-6.3	총 27권, 역사, 지리, 넌픽션, What was World war 1, Pompeii/ Where is the Great Wall, 디즈니랜드 등등 역사적, 지리적 지식과 사실을 알 수 있음.
☐ Alien in My Pocket		4.2-4.6	총 8권, MIT 석사 출신 작가(Nate Ball)의 흥미진진한 SF 시리즈 챕터 북, 지구 소년 Zack과 외계인 Amp 의 우정 이야기, 코믹, 우정
☐ Dork Diaries		4.2-5.4	총 12권, 일상, 유머, 소심한 아이 Nikki, 그림 많고, 글씨 비교적 큼, 윔 피키드와 느낌 비슷, 사춘기 여자아 이 취향
☐ Warriors		4.2-6.3	총 40권. 8부까지 나옴. 판타지, 한글 판[고양이 전사들], 고양이들의 종족 이 어마어마하게 많이 나옴. 한번 빠 지면 중독성
☐ Captain Underpants		4.3-5.3	총 12권, 장난기 많은 두 꼬마와 교장 선생님이 주인공, 유머, Dog Man의 작가 'Dav Pilkey' 넷플 방영[빤스맨]

☐ Usborne Young Reading Series 3		4.4-5.9	총 50권, 전래동화와 역사,
☐ Franny K. Stein		4.5-5.3	총 7권, 엽기과학자 프레니, 애완 뱀, 박쥐를 키우는 평범치 않은 아이. 상상력, 유머
☐ The terrible Two		4.5-4.7	총 4권, 학교의 말썽꾸러기 2인조, 최고의 장난꾸러기가 목표인 마일즈와 나일즈, 장난클럽
☐ Keeper of the Lost Cities		4.5-6.1	총 8권, 남의 생각을 알 수 있는 능력을 가진 12살 소녀 Sophie, 판타지, 러브스토리, 자신과 같은 능력을 가진 Fitz라는 소년
☐ Elmer Series (My Father's dragon)		4.6-5.6	총 3권, 뉴베리 수상작, 아빠의 이야기, 길고양이와의 만남을 시작으로 용을 만남, 판타지, 용기, 관계, 한글책 [엘머의 모험] 있음.
☐ The Ramona		4.8-5.6	총 8권, 뉴베리 수상작, (1955 작품), 가족의 일상과 성장, 감동 스토리

☐ Secret Agent Jack Stalwart		4.9-5.6	총 14권, Jack의 Secret Agent, 전 세계에 발생하는 여러 가지 사건을 해결, 지리, 문화, 역사, 악당을 물리치는 모험, 추리
☐ Wings of Fire		5.0-5.6	총 15권, 판타지, 왕위를 둘러싼 전쟁, 다섯 왕을 부화, 드레곤이 가족과 친구를 지키기 위해 모험, 넷플 방영 예정?, 그래픽 노블도 있음. 한글판 [불의 날개]
☐ The Diary of a Wimpy Kid		5.2-5.8	총 16권, 중학생 주인공 Greg의 일기, 가족, 친구들 이야기 등 일상적인 이야기, 구어체가 풍부
☐ Harry Potter		5.5-7.7	총 8권, 유명한 영화[해리포터] 마법 사학교에 입학하게 되는 평범한 아이인 줄 알았던 고아 해리의 출생의 비밀. 친구 론과 헐마오니(헤르미온느의 영어 발음)와 우정, 모험, 판타지
☐ Wild Rescuers		5.8-6.3	총 4권, 우정, 모험, 유명 게임유튜버(마인크래프트)인 Stacy Plays의 작품, 야생 늑대무리 사이에서 자란 주인공 Stacy, 특별한 능력을 지닌 늑대 가족과 함께 위기에 처한 야생동물 구하기.
☐ How to train your Dragon		6.2-6.9	총 12권, 판타지, 별명이 Useless(쓸모없는)겁쟁이 히컵(딸꾹질)이 주인공, 히컵의 용 Toothless(이빨 없는)를 훈련시키면서 얻는 용기와 자신감, [드래곤 길들이기] 영화

②

교재를 통해 어휘와 독해를 탄탄하게!
(추천 교재 리스트)

파닉스를 마치고, 리딩을 시작할 때 원서를 읽는 방법도 좋고, 아이의 어휘력과 독해력을 탄탄히 채워줄 교재를 통해서 단계별로 실력을 다지는 방법도 좋습니다. 오랫동안 사교육계에서 종사하며 여러 가지 학습서들을 보았는데, 어휘와 독해 위주로 몇 가지 추천드릴게요! 요즘은 학습서가 정말 잘 나와요. 앱을 이용해서 단어 퀴즈나, 동영상, 원어민 발음 등 다양한 형태로 자료들이 제공되고, 교재를 만든 출판사 홈페이지를 들어가면 훨씬 더 풍부한 부가 자료도 많이 있으니 꼭 참고하시기 바랍니다.

문법에 대해서도 질문이 많으나, 문법은 일찍 시키기보다 최소 초등학교 4학년쯤에 시작을 하면 좋을 것 같아요. 그전에는 차라리 문장을 많이 읽고 접해보면서 문장 구조를 익히는 편이 좋고, 문법을 이해할 수 있는 고학년 때 시켜도 충분합니다.

① 1000 베이직 잉글리쉬 워드 시리즈

세계적인 언어학자 폴네이션 교수님이 고안하여 쓴 시리즈로 단어가 장기기억에 저장되기 위해서는 일곱 번의 반복 학습이 필요하다고 합니다. 일곱 번의 반복 학습을 다양한 방법으로 지루하지 않게 책에 다루어 두었으며 가장 기초적인 필수 어휘를 모두 담고 있어요. 1000, 2000, 4000 시리즈로 이어지며, 단계별로 초등 입학 전 유아부터 고등학생까지도 어휘를 효율적으로 익히기에 좋은 책입니다.

② 워드마스터 시리즈

초등학생부터 수능까지 단계별로 구성되어 있으며, 주제별로 분류된 필수 어휘들을 한 번에 익혀서 어휘력을 쌓기에 좋습니다. 초등 단계는 베이직과 컴플리트로 구성되며, 필수 영단어 약 천 개를 그림과 함께 익힐 수 있습니다. 앱으로도 개발되어 활용하기 좋습니다.

③ 능률 Voca 어원 편

이 책은 제가 어릴 때도 공부했던 역사와 전통이 있는 책입니다. 기본 단어들을 익힌 초등학교 고학년 이후부터 추천드리는 책입니다. 단어의 수준이 늘어날 때 어원별로 단어를 익힐 수 있어서 중 고등학교 내신이나 수능을 위해서도 굉장히 효율적으로 단어를 암기할 수 있습니다. 이것도 역시 앱을 활용하여 단어 암기 효과를 높일 수 있습니다.

단어만 따로 암기하는 방법보다는 문장과 함께 자연스럽게 익히는 방법이 가장 좋습니다. 단어를 암기하더라도 꼭 읽기로 자연스러운 단어의 쓰임을 파악해 주세요.

① 멀티플 리딩스킬 (Multiple Reading Skills)

유치원생부터 중학생까지 쓸 수 있는 교재로 총 12단계로 이루어진 교재입니다. 아주 오래되었지만, 아직까지 사랑을 받는 리딩 교재입니다. 지문이 간단하게 한 페이지, 이해를 묻는 간단한 질문들이 다섯 개 정도로 나오고, 미국의 맥그로힐 출판사에서 만든 교재라서 우리나라에서 만든 교재들보다 조금 더 원어민의 표현들이 자연스럽게 표현된 느낌의 교재입니다.

② 브릭스 리딩 (Bricks Reading)

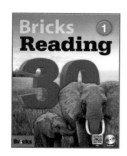

학원, 공부방 등 기관에서뿐만 아니라 엄마표 영어에서도 아주 대중적으로 많이 사용하고 있는 교재로, 단계가 세분화되어 있어서 고민할 필요 없이 한 권 끝나면 다음 단계로 넘어가면 되어 편합니다. 또한 넌픽션, 픽션이 구분되어 있는 점도 좋고, 큐알 코드를 이용하여 원어민의 정확한 발음을 들으며 활용하기 좋도록 만들어져 있습니다.

③ 이지링크, 인사이트링크, 서브젝트링크 (Easy Link)

능률에서 나온 교재로 구성은 브릭스처럼 대부분의 독해 교재들과 비슷합니다. 이지링크는 브릭스보다 조금 더 쉬운 단계부터 시작할 수 있다는 장점이 있습니다. 스티커 활동이나 파닉스와 사이트워드를 다지는 활동으로 구성되어 있어서 아이들이 부담 없이 시작할 수 있고, 자신감과 흥미를 가질 수 있어서 좋습니다. 이지링크 이후에 서브젝트 링크, 인사이트 링크로 단계별로 중학생 수준까지 이어집니다. 큐알코드를 통해 스토리를 듣고 활용하기 좋습니다.

④ 미국교과서 읽는 리딩

키 출판사에서 나온 독해서로, 가장 낮은 단계는 프리스쿨부터 시작되어 유치원생들도 쉽게 접근할 수 있으며, 단계별로 난이도가 높아져 고등학생까지 사용할 수 있는 리딩 문제집입니다. 이 문제집의 장점은 유료이긴 하나 퀄리티 높은 동영상 강의를 제공하는 점입니다. 키 출판사 홈페이지에 가면 맛보기 강의가 있으니 참고하면 좋습니다.

⑤ 원더스킬스 리딩 (Wonder Skills Reading)

이 또한 미국 교과서를 만드는 맥그로힐 출판사에서 나온 리딩 문제집으로 영유나 학원에서 많이 사용되는 인기 많은 교재 중 하나입니다. 미국 교과서 내용을 EFL(우리나라처럼 영어를 외국어로 배우는 환경) 아이들에게 맞게끔 조절하여 구성된 교재입니다. 조금 더 쉬운 단계인 '원더스킬스 이지리딩'은 영유아 아이들이 하기에도 좋을 만큼 쉽고 재미있는 활동이 담겨 있어서 파닉스를 배우는 아이들도 부담 없이 시작하기 좋습니다.

3

무료 영어 도서관,
똑똑하게 활용하기

영어 책을 즐기는 방법은 생각보다 다양하고, 조금만 관심을 기울이면 많은 기회를 찾을 수 있습니다. 많은 지역 도서관에서는 영어 원서 코너를 운영하고 있으며, 그보다 더 많은 자료를 갖춘 영어 도서관도 있습니다. 그리고 온라인 영어 도서관을 이용하는 방법도 있습니다. 유료로 운영되는 곳도 있지만, 무료인데 유료만큼 퀄리티가 좋은 온라인 도서관도 함께 알려드릴게요.

1 지역 영어도서관 이용하기

일반 지역 도서관에도 영어 원서 코너가 있지만, 시에서 운영하는 영어 도서관은 책의 종류도 다양할 뿐만 아니라 유익한 강좌와 영어 관련 프로그램도 제공합니다. 이러한 영어 도서관을 잘 이용하여 아이들이 영어와 친해질 수 있는 기회를 만들어 주세요. 일부 지역에서는 무료로 아이들의 독서 지수를 체크해주는 SR 프로그램을 운영하기도 하니, 가까운 영어 도서관에 문의해 보세요.

전국 영어도서관 리스트

(서울) 송파 어린이 영어 작은 도서관	(대구) 대구중구영어도서관
(서울) 강서영어도서관	(대구) 대구서구영어도서관
(서울) 서초구립반포도서관	(대구) 달서영어도서관
(서울) 신도림 어린이 영어 작은 도서관	(경북) 포항시립어린이영어도서관
(서울) 양천구 영어특성화도서관	(경남) 양산영어도서관
(서울) 은평 어린이영어도서관	(경남) 밀양시립영어도서관
(서울) 마포어린이 영어도서관	(경남) 사천시어린이영어도서관
(서울) 청파어린이 영어도서관	(전북) 완주군립 둔산영어도서관
(서울) 용암 어린이 영어도서관	(전남) 목포영어도서관
(서울) 용두어린이영어도서관	(부산) 동구어린이영어도서관
(서울) 꿈나래 어린이 영어도서관	(부산) 영도어린이영어도서관
(경기) 성남시 중원어린이도서관	(부산) 부산영어도서관

2 '무료' 온라인 영어 도서관 이용하기

  개인적으로는 영어책을 읽을 때 태블릿이나 스마트폰보다는 실물 책을 이용하는 방법이 더욱 좋다고 생각합니다. 하지만 많은 책을 구매하기엔 비용이 부담되고, 책장을 모두 채울 공간도 부족하다 보니 최근에는 온라인 도서관을 이용하는 사람들이 많아졌습니다. 온라인 도서관은 책을 구입하지 않고도 다양한 책을 손쉽게 읽을 수 있어 유용합니다. 특히 많은 온라인 도서관들이 음원을 지원해 언제 어디서든 편리하게 영어책을 들을 수 있는 장점이 있습니다. 여행 중이나 읽을 책이 없을 때 유용하게 이용할 수 있죠.

  유료의 온라인 도서관 서비스인 에픽, 리딩게이트, 라즈키즈 등도 많지만, 무료로 제공되는 온라인 도서관들도 유료 서비스 못지않게 훌륭한 자료들을 제공합니다. 아이와 함께 먼저 책을 읽어본 뒤, 흥미를 느끼는 책을 구입하여 소장하는 방법도 추천드립니다.

① 텀블북 라이브러리

이 온라인 도서관은 포털사이트에서 접속하면 회원가입과 유료 가입을 유도하지만, 포틀랜드 도서관 링크를 통해 접속하면 무료로 이용할 수 있습니다. 텀블북은 미국 도서관과 국제 학교에서도 많이 사용되는 온라인 도서관으로, 유명한 동화책, 신간, 그래픽 노블(만화책 형식의 소설)까지 다양한 콘텐츠가 제공됩니다. 강력히 추천드립니다.

https://www.tumblebooklibrary.com/Home.aspx?categoryID=77

② EBS 펀리딩

EBS에서 제공하는 유용한 영어 온라인 도서관입니다. 회원가입 없이 편리하게 책을 고르고 읽을 수 있으며, 픽션, 논픽션 등 다양한 종류의 책을 제공합니다. 이 외에도 영자신문, 단어 공부 등 다양한 자료들이 풍성하게 준비되어 있습니다. ebse.com에 접속한 후 '펀리딩'을 클릭하면 이용할 수 있습니다.

EBS english

| 방송프로그램 | 자기주도학습 | AI 펭톡 | 펀리딩 | 교고 |

⌂ | 펀리딩 | 도서 | ▼

Lv.4 | 비소설

Hail or Freezing Rain?

Josh Plattner

Summary

기후 현상에는 비슷해 보이면서도 엄연히 다른 것들이 많아요. 우박를 구성하는 요소, 우박과 얼음비의 특징, 우박과 얼음비가 우리에가해 보세요.

e-Book   mp3

③ 유나이트폴리터러시

이 사이트는 이름에서 알 수 있듯, 문해력을 향상시키기 위한 공간입니다. 아이들이 책 읽기를 배우며 마음껏 책을 즐길 수 있도록 완전 무료로 제공하는 정말 고마운 사이트입니다. 책은 자주 업데이트되어 다양하게 읽을 수 있고, 그림이 크고 문장이 길지 않아 책 읽기를 시작한 아이들이 부담 없이 여러 권의 책을 읽을 수 있습니다. 무엇보다 회원가입 없이 이용할 수 있어 매우 편리한 곳입니다.

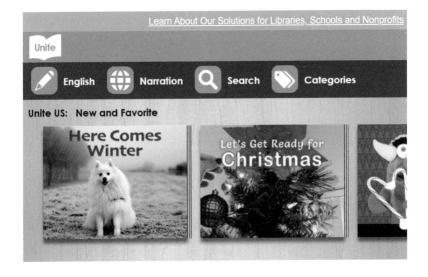

④ 옥스포드 아울

　유명한 원서들을 무료로 읽을 수 있는 영어 온라인 도서관입니다. 다만 회원가입을 해야 하는 번거로움이 있지만, 그만큼 다양한 자료를 이용할 수 있는 장점이 있습니다. 특히 ORT(옥스포드 리딩 트리)를 무료로 제공하는 점이 큰 장점인데요. ORT는 단계별로 읽기 좋은 매우 유명한 책이지만, 모두 구매하려면 가격이 부담스러울 수 있습니다. 그러나 옥스퍼드 아울에서는 이를 자유롭게 즐길 수 있어 많은 도움이 됩니다.

https ://home.oxfordowl.co.uk/reading/free-ebooks/

OXFORD**OWL**

⑤ 칸아카데미 키즈

이 앱은 퀄리티가 매우 뛰어납니다. 경제적으로 어려운 환경에서 교육을 받기 힘든 아이들에게 교육 기회를 제공하기 위해 만들어졌다고 하는데, 정말 다양한 교육 자료를 제공해요. 아이들이 스스로 학습할 수 있도록 잘 구성되어 있으며, 파닉스, 사이트워드, 단계별로 구성된 픽션과 넌픽션 책뿐만 아니라 수학, 과학, 사회 등 다양한 주제의 게임, 비디오, 그리기, 노래 등 흥미로운 활동도 함께 제공합니다. 앱스토어나 플레이스토어에서 '칸 아카데미 키즈'를 검색하고 앱을 다운로드한 후, 이메일 인증을 거쳐 아이들의 레벨을 등록하면 바로 사용 가능합니다.

워드패밀리로 빠르게 단어 읽기

　워드패밀리(Word family)란, 같은 글자 패턴을 가진 단어 그룹을 의미합니다. 워드패밀리를 통해 파닉스를 복습하면, 글자 패턴에 익숙해지게 되고, 패턴을 빠르게 인식할 수 있어서 한 글자씩 읽을 때보다 영어 읽기의 부담을 줄여 주어, 읽기의 속도가 빨라지고, 단어를 유창하게 말할 수 있습니다.

　예를 들어, 'cat, bat, hat'은 끝의 두 글자 '−at'가 같은 단어예요. 이 단어들은 'at 워드패밀리'로 볼 수 있습니다. 지금부터 워드패밀리로 단어를 유창하게 읽는 연습을 해보도록 하겠습니다.

1 단모음 워드패밀리

ab
cab
tab
lab
crab
grab

ad
bad
dad
mad
sad
had

ag
bag
tag
wag
flag
drag

am
jam
ram
ham
clam
slam

an
fan
man
tan
pan
plan

ap
cap
nap
map
lap
trap

at
bat
mat
cat
sat
rat

ack
back
lack
sack
tack
snack

ed
bed
red
fed
sled
shed

en	ell	et
hen	bell	pet
pen	cell	get
men	sell	wet
ten	tell	jet
when	yell	net

id	ig	in
lid	pig	bin
rid	wig	tin
bid	big	fin
kid	dig	win
hid	fig	skin

ip	it	im
dip	bit	him
hip	fit	rim
rip	hit	slim
sip	kit	trim
zip	sit	swim

ick	**ill**	**ob**
lick	bill	job
kick	fill	cob
sick	kill	rob
stick	will	sob
trick	still	knob

ot	**op**	**ock**
hot	hop	sock
dot	pop	dock
lot	top	lock
spot	mop	rock
knot	shop	clock

ub	**ug**	**un**
rub	bug	bun
cub	mug	fun
tub	rug	sun
club	tug	run
scrub	plug	spun

um	ut	uck
gum	but	duck
hum	cut	luck
sum	hut	buck
drum	nut	tuck
plum	shut	truck

2 매직 e 워드패밀리

ace

face
lace
race
pace
space

ade

made
fade
jade
trade
shade

age

cage
page
wage
stage

ake

bake
cake
fake
make
lake

ale

tale
male
pale
sale
whale

ame

name
came
same
game
blame

ane

cane
lane
mane
crane
plane

ate

late
mate
date
fate
gate

ape

cape
tape
shape
grape
drape

ave	ice	ide
cave	dice	hide
gave	mice	ride
save	nice	side
wave	rice	tide
brave	slice	slide

ile	ime	ine
file	lime	dine
mile	time	fine
pile	dime	mine
tile	mime	line
smile	crime	wine

ite	ipe	oke
bite	pipe	joke
kite	ripe	poke
site	wipe	woke
white	swipe	smoke
write		choke

ole	one	ope
mole	cone	rope
hole	bone	hope
pole	zone	pope
role	stone	cope
stole	phone	slope

ote	ose	ute
dote	hose	cute
note	pose	mute
tote	nose	lute
vote	rose	flute
wrote	close	

une
June
dune
tune
prune

3 이중자음, 이중모음 워드패밀리

all	and	ank
ball	band	bank
call	hand	rank
tall	sand	sank
mall	land	tank
fall	stand	thank

ail	ain	ay
hail	main	hay
fail	pain	day
jail	rain	ray
mail	train	lay
snail	brain	play

ash	aw	aw
bash	jaw	bent
cash	raw	sent
dash	law	tent
mash	paw	went
crash	straw	rent

est

best
rest
test
nest
chest

eat

beat
heat
meat
cheat
treat

eak

beak
leak
peak
weak
speak

eam

beam
team
steam
dream
scream

ead

dead
head
bread
thread
spread

ee

see
bee
tree
free
flee

eed

feed
need
deed
seed
speed

eek

peek
seek
week
creek
cheek

een

been
seen
teen
keen
green

eet	eep	eel
feet	beep	feel
meet	keep	heel
sheet	sleep	peel
sweet	sheep	kneel
street	sweep	steel

ew	ing	ind
new	sing	find
dew	king	mind
few	ring	kind
stew	wing	blind
grew	swing	

ink	ie	igh
pink	die	high
sink	tie	sigh
link	lie	nigh
wink	pie	thigh
think		

ight	y	old
fight	by	mold
light	my	sold
might	cry	fold
right	sky	gold
night	fly	hold

헷갈리기 쉬운 장모음 '한눈'에 파악하기

① 장모음 a /에이/ 소리를 내는 모음들

여기에 나오는 8가지의 모음 패턴들은 모두 /에이/ 소리를 내고 있어요. a가 열린모음일 때, 매직 e 장모음일 때, ay, ai는 대장모음팀, ei는 /에이/, eigh는 gh가 묵음이라서 /에이/, ea는 빈도적으로는 /이-/ 소리를 많이 내지만, 이렇게 eak로 끝나는 단어에서는 /에이/ 소리가 나기도 합니다. ey는 /이-/ 소리가 나기도 하지만, /에이/ 소리를 내기도 합니다. 같은 모음의 소리가 나는 단어들을 한눈에 보며 읽어보는 연습도 해주면, 조금 헷갈릴 수 있는 이중모음도 익숙해질 거예요.

a	a_e	ay
baby	cake	say
crazy	lake	play
apron	same	tray
lady	wave	clay
table	shade	stay
bacon	plane	pray
acorn		

ai	eigh	ei
rain	eight	vein
train	weigh	reign
pail	weight	reindeer
sail	sleigh	beige
wait	freight	
faint	neighbor	

ea	ey
steak	hey
break	they
great	obey
	survey

2 장모음 e /이-/ 소리를 내는 모음들

여기에 나오는 8가지의 모음 패턴들은 모두 /이-/ 소리를 내고 있어요. e가 열린모음일 때, 매직 e 장모음일 때, ee, ea는 대장모음팀이라서 앞에 오는 모음의 이름 소리(장모음)를 내어요. ei는 /에이/ 소리도 나긴 하지만, 이런 단어들에서는 /이-/ 소리가 난답니다. ie는 /아이/ 소리를 내는 경우가 많지만, 이런 단어에서는 /이-/ 소리가 나요. y가 마지막에 올 때는, y 가 모음 소리를 내는 것 기억나지요? 앞에 모음이 있기 때문에 /이-/ 소리 냅니다. ey는 위에서 언급하였듯이, /에이/ 소리가 나기도 하지만, /이-/ 소리를 내기도 합니다.

e	e_e	ee
be	eve	see
me	gene	bee
we	these	feed
she	theme	meet
even	delete	seem
equal		three

ea	**ei**	**ie**
eat	either	piece
sea	ceiling	brief
pea	receipt	grief
leaf	deceive	field
weak	protein	belief
feast		thief

y	**ey**
baby	key
sunny	monkey
chilly	turkey
puppy	money
candy	honey
cloudy	

장모음 i /아이/ 소리를 내는 모음들

여기에 나오는 6가지 패턴의 모음들은 모두 /아이/ 소리를 내고 있어요. i가 열린모음일 때, 매직 e 장모음일 때, ie는 대장모음팀이라서 앞에 오는 모음의 이름 소리(장모음)를 내어요. igh에서 gh는 묵음으로 i의 장모음 소리인 /아이/ 소리를 내어주세요. y가 마지막에 오는데, 앞에 모음이 없는 경우는 y는 모음으로서, /아이/ 소리 냅니다. y_e는 마치 i_e 매직 e처럼 /아이/ 소리가 납니다.

i	i_e	ie
I	ice	pie
hi	nice	die
idea	bike	lie
idol	hike	tie
iris	five	untie
pilot	line	tried

igh	y	y_e
high	my	type
sigh	by	hype
sight	try	byte
bright	dry	style
slight	why	rhyme
tonight	sly	analyze

4 장모음 o /오-/ 소리를 내는 모음들

여기에 나오는 5가지 패턴의 모음들은 모두 /오-/ 소리를 내고 있어요. o가 열린모음팀일 때, 매직 e 장모음일 때, oa와 ow, 그리고 oe는 대장모음팀이라서 앞에 오는 모음의 이름 소리(장모음)를 내준다고 기억하시면 쉽습니다.

o	o_e	oa
go	home	oat
so	hope	oak
no	tone	boat
piano	vote	coat
bonus	mole	soap
focus	nose	toast

ow	oe
low	toe
sow	doe
slow	foe
crow	hoe
show	woe
yellow	

이 5가지 패턴의 단어들은 모두 장모음 /유/ 소리를 냅니다. 열린모음으로, 음절을 나누었을 때, 뒤에 자음이 없는 경우, 자기 이름 소리인 장모음 소리 /유-/를 냅니다. 매직 e나, 대장모음팀인 ue는 앞에 있는 모음의 이름인 /유-/ 소리를 내어요. 흔한 이중모음은 아니지만, eu는 그리스어에서 유래가 되었다고 해요. '유레카(eureka)!'를 기억하면 쉽겠죠? eu도 /유-/ 소리가 납니다. ew는 보통 /우-/ 소리를 내는 경향이 있으나, m, p, f 등 입술에서 나는 소리 뒤에서는 /유-/ 소리가 더욱 자연스럽습니다. few를 /f푸-/보다는 /f퓨-/가 더 자연스럽죠?

하지만 앞서 이중모음 부분에서 언급 드렸지만, 이 부분은 참고해 주세요. r, l, ch, j에서는 /유-/ 소리보다 /우-/ 소리가 더 자연스럽고 편하게 발음됩니다. 예를 들어, rule이라는 단어를 /r률/이라고 발음하기보다, /r룰/이라고 발음하기가 더 편하죠?

그리고, d, t, n, s가 앞에 오는 경우, 미국식에선 /우-/, 영국식에선 /유-/ 소리로 발음하는 경향이 있어요! 예를 들어, new라는 단어는 미국에선 /누-/라고 하지만, 영국에서는 /뉴-/라고 발음하며, stew라는 단어는 미국에서는 /스투-/라고 발음하지만, 영국에서는 /스튜-/라고 발음합니다. 그러므로 두 가지 발음 모두 옳은 발음이니 참고해 주세요.

u	u_e	ue
unit	use	cue
unicorn	cute	hue
music	cube	argue
cupid	huge	value
pupil	fume	venue
future	mute	rescue

eu	ew
feud	few
queue	pew
neuron	mew
neutral	
eulogy	

파닉스에 대해 자주 묻는 질문들!

파닉스는 언제 가르치는 것이 좋은가요?

많은 전문가들의 의견과 저의 경험에 따르면, 파닉스는 한글을 읽을 수 있을 때 배우는 것이 가장 효과적입니다. 요즘은 4-5세 어린이들에게도 파닉스를 가르치는 경우가 많지만, 파닉스는 문자 교육이기 때문에 너무 어린 나이보다는 학령기에 배우는 것이 가장 적합합니다.

아이들의 관심과 성향에 따라 차이가 있을 수 있지만, 보통은 한글에 관심을 가지기 시작하는 7세부터 초등학교 3-4학년까지가 적당한 시기입니다. 제 경험상, 한글을 어렵지 않게 익힌 아이들의 경우 7세나 1학년 때 파닉스를 배우면 약 6개월 정도 걸리지만, 3-4학년 아이들은 3개월 정도만 배워도 충분히 익힐 수 있습니다.

중요한 점은, 문자에 관심이 없는 어린아이에게 억지로 파닉스를 가르쳐 스트레스를 주지 말고, 영어 노래나 영상을 많이 들려주고, 영어 책을 읽어주며 자연스럽게 영어의 소리와 글자에 친숙해질 수 있는 시간을 가지는 것이 좋습니다.

파닉스를 안 배우고 글을 읽나요?

가끔 아이가 파닉스를 배우지 않고, 통 글자 식으로 글을 읽는 경우가 있습니다. 이런 아이들에게도 파닉스 규칙을 한 번 정리해 주는 것이 좋습니다. 실제로 파닉스를 다 배우지 않았는데도 단어를 통글자로 파악하여 영어를 읽는 아이들이 있습니다. 이런 경우, 자주 보지 못하는 생소한 단어가 나왔을 때 당황하는 경우가 많아요. 저희 아이도 세세한 파닉스를 알려주지 않았는데 대부분의 영어를 잘 읽었지만 여러 음절의 단어들이 나올 때 힘들어 하는 모습을 보았어요. 그래서 그날 바로 20분 정도 파닉스 규칙을 정리해 주었고, 아이는 그 규칙을 배우고 나서부터는 처음 보는 단어들도 훨씬 정확하게 읽을 수 있었습니다.

그래서 저는 파닉스를 배우지 않고 영어를 잘 읽는다고 생각하는 아이들에게도, 한 번 파닉스 규칙을 제대로 알려주는 것이 좋다고 생각합니다. 또한 파닉스를 배우지 않은 어른들에게도 규칙을 알려주면 처음 보는 영어 단어도 훨씬 쉽게 읽을 수 있고, 읽기 오류를 줄이는 데 도움이 됩니다.

파닉스 이전에는 어떻게 노출해 주면 좋은가요?

파닉스를 배우기 전, 영유아 시기에는 영어를 어떻게 노출해 주면 좋을까요? 영어도 우리 모국어처럼 소리 노출이 가장 중요합니다. 우리가 한국어를 배웠을 때를 떠올려 보세요. 아이가 말을 하기까지 얼마나 많은 한국어를 들었는지 기억나시죠? 옹알이부터 시작해서 시행착오를 거치며 말을 배우게 됩니다. 영어도 언어이므로, 영어에 친숙해지기 위해서는 영어 소리를 많이 노출시켜 주는 것이 좋습니다.

'나는 원어민이 아니어서, 또는 영어를 잘 못해서 어떻게 영어를 노출할지 모르겠다'고 고민하는 분들도 많죠. 하지만 너무 걱정하지 마세요. 요즘은 영어를 노출할 수 있는 방법이 정말 많습니다! 비교적 쉬운 영어 동요나 어린이용 영어 영상으로 영어 소리를 먼저 들려주세요. 영어 동요는 마더구스나 널서리 라임과 같은 전통적인 동요도 좋고, 슈퍼심플송, 핑크퐁 등 신나는 노래도 아이들에게 인기가 많습니다. 아이가 신나게 흥얼거리기 시작하면 이미 성공적인 노출입니다. 부모님도 함께 영어를 즐기며 그 모습을 보여주면 더욱 효과적입니다.

영어 영상도 4~5세 아이들에게 적합한 메이지, 까이유, 맥스앤루비, 페파피그, 티모시네 유치원과 같은 프로그램부터, 아이의 취향에 맞는 옥토넛, 퍼피구조대, 블루이, 소피아, 바비 등도 좋습니다. 아이의 관심과 흥미에 맞는 한두 가지 영상만으로도 충분히 효과적입니다. 저도 아이와 함께 영어 영상을 자주 시청했는데, 아이는 자연스럽게 영어 영상을 즐기게 되었고, 덕분에 제 영어 귀도 많이 열렸습니다.

그리고 가장 중요한 것은 어릴 때부터 영어 동화책을 가까이하는 것입니다. 아이가 파닉스를 배우기 전이므로, 부모님이 자주 영어 동화책을 읽어주면 좋습니다. 아이는 자연스럽게 영어 소리에 익숙해지고, 글자에 대한 관심도 생깁니다. 정확하고 유창한 원어민 발음보다, 부모님의 사랑이 담긴 조금 서툰 발음도 훨씬 더 중요한 역할을 합니다. 아이의 평생 영어 실력은 결국 영어에 대한 정서적인 친숙함에서 비롯되기 때문입니다. 영어가 따뜻하고 좋은 이미지로 기억되도록 만들어주는 것이 가장 중요합니다.

파닉스를 가르칠 때 의미도 알아야 하나요?

파닉스를 가르칠 때 종종 나타나는 실수 중 하나는 단어의 의미까지 함께 외워야 한다고 생각하는 경우입니다. 예를 들어, 파닉스 단어와 함께 그림 이미지를 보여주며 단어를 읽도록 가르치는 경우가 있는데, 이때 아이들은 그림을 보고 단어를 읽게 되는 경우가 많습니다. 아이들의 시각적 인지가 빠르기 때문에 그림을 보고 읽는 데는 능숙할 수 있지만, 이렇게 배운 경우는 파닉스를 제대로 익힌 것이라고 보기 어렵습니다. 예를 들어, 고양이 그림과 'cat'이라는 글자를 보고 /캣/이라고 읽을 수 있다고 해서 파닉스를 제대로 익힌 것이라고 착각해서는 안 됩니다. 아이가 글자만 보고 단어를 읽을 수 있어야 정확히 파닉스를 익힌 것입니다.

파닉스의 핵심은 문자와 소리의 연관성을 이해하는 것입니다. 아이가 문자를 보고 소리로 읽어보고, 소리를 듣고 문자를 쓸 수 있도록 하는 것이 파닉스의 목표입니다. 그래서 저는 아이가 단어를 정확히 읽고 쓸 수 있을 때 비로소 그 의미를 알려주는 방식으로 가르쳐줍니다.

사실 가장 이상적인 것은 파닉스를 배우기 전 이미 기본적인 단어를 알고 있는 상태에서 파닉스를 배우는 것입니다. 그러나 그런 환경이 마련되지 않은 경우에도 걱정할 필요는 없습니다. 파닉스를 배우기 전에 영어에 대한 충분한 노출이 없었던 아이들은 먼저 음가와 규칙을 익혀서 단어를 읽을 수 있게 도와주세요. 단어를 잘 읽게 되면, 그 단어에 해당하는 그림이나 뜻을 통해 의미를 파악하면 됩니다.

그리고 이를 정확하게 확인하기 위해서 그림을 보거나, 소리를 듣고, 문자로 바꿔보는 작업(encoding)을 꼭 시켜주세요. 예를 들어, 아이가 고양이 그림을 보고 스스로 'cat'이라고 소리를 조합하여 적을 수 있으면 파닉스를 잘 익힌 것이라고 볼 수 있습니다.

영어가 날개가 되길, 모든 아이들의 꿈을 응원합니다

 외국어를 읽을 수 있다는 것은 아이들의 자신감과 자기효능감을 크게 높이는 중요한 경험입니다. 파닉스를 통해 영어를 쉽게 읽게 된 아이들은 영어에 대한 자신감이 생기고, 흥미를 느끼게 됩니다. 이런 아이들은 영어를 자연스럽게 즐기며 성장하고, 나아가 영어책을 사랑하는 아이로 자랄 가능성이 높습니다. 반면, 영어 읽기를 어렵게 배우고 부담스러워했던 아이들은 영어를 좋아하게 될 확률이 낮아지곤 합니다. 이 책을 통해 모든 아이들이 영어 읽기를 쉽고 재미있게 배우면 좋겠습니다.

 '읽기는 언어를 배우는 최상의 방법이 아니다. 그것은 유일한 방법이다.' 세계적인 언어학자 스티븐 크라센 교수님이 말씀하셨습니다.

 영어 유치원부터 중 고등학생까지 다양한 교육 현장에서 수많은 아이들을 만나며 느낀 점이 있습니다. 고학년이 되어서도 영어에 자신감이 넘치고 영어를 좋아하는 아이들의 공통점은 바로 '영어 책 읽기'를 즐긴다는 것입니다. 유아기와 초등학교 시절에 익힌 탄탄한 영어 읽기 습관은 단순히

학업적 성취와 영어 실력 향상을 넘어, 성인이 되어서도 다양한 작품을 읽고 이해하는 데 중요한 자산이 됩니다. 이를 통해 풍요로운 삶을 누릴 수 있는 힘을 가지게 되는 것이지요.

저는 여전히 저녁 시간이 되면 아이와 함께 영어책을 읽습니다. 좋은 작품을 함께 읽으며 생각과 추억을 나누는 이 시간은 제게 정말 소중한 보물 같은 시간입니다. 이 책을 읽는 여러분도 영어 읽기의 재미에 빠져보시길 바랍니다.

아이들은 우리의 미래입니다. 이 책을 통해서 모든 아이들이 자신 있게 영어를 읽고, 각자의 꿈을 향해 용기 있게 나아가기를 바랍니다. 이 세상 모든 아이들의 꿈을 응원합니다.

선샤인 올림.